しっかり学べる！中国語

文法編　会話編

中田妙葉　著

東方書店

まえがき

　本書は、初めて中国語を学習する学生が、2年間で基礎文法を修得でき、中国語検定3級・HSK4級レベルまで力をつけることを目的に、構成されています。1年目は「文法」と「会話」を週1コマずつで計2コマ、2年目は1コマの学習時間で、効率よく授業を行えるよう工夫しました。

　学習した文法事項を、具体的な場面に関連づける会話練習を行います。これをもとに自分の状況を表現することで、学習者が文法や単語をより身に付けやすくしています。

　本書は『文法編』、『会話編』の2編で構成されており、各編の第1課～第11課は1年目、第12課以降は2年目を対象としています。巻末の『文法ノート』には、中国語のステップアップのために、理解しておくべき内容を記載しました。文法項目と合わせて参考にして下さい。

　本書の特徴を生かし、効果的な学習ができるよう、「本書の構成」を次のページに掲載しています。また、予習や復習など一人で学ぶときにも、効果的に行えるように、文法事項を少しだけ詳しく解説しています。文法事項をもとにした会話練習に加え、予習・復習として反復練習をすることにより、基本的な文法事項を理解し、会話力の向上をはかることができます。

　中国語を使えると、楽しい。異文化を背景とする人たちと交流できると、より楽しい。学習の先には、様々な楽しさが広がっています。本書で学習を進める皆さんが、楽しみながら学習でき、学習を進めていくとまた違った楽しさに出会える――そんなお手伝いができることを、心より祈っております。

　なお、本書の作成にあたり、中文（中国語の文）が分かりやすくかつ自然な流れになるように、東洋大学法学部で教鞭をとられる任鉄華先生には、様々なご教授を賜りました。更に、中国科技大学の王立群先生、北京語言大学の周閲先生にも、度々ご教授をいただきました。この場をお借りして、心より感謝の意を申し上げます。また、東洋大学法学部では、本書の前身となる教科書でご指導頂いていたことから、ご担当の諸先生より現場を通してのご指摘、ご指導を賜りました。誠にありがとうございました。

　最後に東方書店の恒木晃子氏には、本書の意図が伝わりやすいよう色々とお骨折り下さり、この様な見やすいデザインにしていただきました。家本奈都氏には、細部にまでわたったご提案をいただきました。両氏には大変お世話になりました。ここに御礼申し上げます。

2017年春　著者

しっかり学べる！中国語　目次

- まえがき
- 本書の構成
- 中国語の勉強をはじめましょう！
- 本書の音声について

発音編　12

一 声調　　二 単母音　　三 複母音　　四 子音
五 -n, -ng を持つ母音　　六 声調の変化
七 儿化（アル化）　　八 声調の組み合わせ
★数詞1　　★あいさつの言葉

文法編

第一课　你好吗？　20
A 形容詞述語文
B 疑問詞を使う疑問文"怎么样"　【人称代名詞】
C 副詞"也"と"都"　★教室用語

第二课　我是日本人　26
A 動詞"是"
B 助詞"的"　【指示代名詞】
C 疑問詞を使う疑問文"什么""谁""哪"　★人の呼び方

第三课　我学习法律　32
A 動詞述語文
B 省略疑問文　関連単語 スイーツ、果物、野菜
C 語気助詞"吧"　★中国語の辞書を引いてみよう

第四课　你有兄弟姐妹吗？　40
A 所有をあらわす"有"
B 量詞
C "几"と"多少"　【時刻の言い方】
　　——数をたずねる疑問詞　★家族構成

第五课　你在哪儿？　48
A 動詞"在"
B 存在をあらわす"有"
C 動詞"喜欢"　【場所をあらわす代名詞】
D 選択疑問文"还是"　【方位詞】

第六课　今天几月几号？　54
A "是"の省略——名詞述語文
B 疑問をあらわす"多"
C 年齢のたずね方・言い方
D 文末の"了"
【時をあらわす語——時点（1）】

第七课　你在哪儿打工？　60
A 動詞につく"了"
B 介詞"在"
C 介詞"从A（到B）"と"A离B"
D 二重目的語をとる動詞
E 時をあらわす語の位置
【時をあらわす語——時点（2）】

第八课　你去过北京吗？　68
A 経験をあらわす"过"
B 時間の長さ・動作の回数をあらわす語の位置（1）
　　——目的語がない場合
C 連動文
D 疑問詞の"怎么"
E 希望や願望をあらわす助動詞"想"と"要"
【時間の長さをあらわす語】
関連単語 交通手段

第九课　你会说汉语吗？　76
A 「デキル」助動詞"会""能""可以"
B 介詞"给"と"跟"
C 方向補語（1）
D 動詞の重ね型　★「趣味」をあらわす表現
★自己紹介

第十课　你唱得怎么样？　84
A 様態補語（1）
B 比較（1）
C 主述述語文——「XはYがZ」表現
関連単語 成長をあらわす表現

第十一课　你在做什么呢？　90
A "是～的"構文
B 動作・行為の進行をあらわす副詞"正在""正"
　"在"、助詞"呢"
C 予定をあらわす助動詞"打算"
D 時間の長さ・動作の回数をあらわす語の位置（2）
　　——目的語がある場合

第十二课　生词，你记住了吗？　96
A 結果補語
B 動作の状態や結果の持続をあらわす"着"
C 禁止をあらわす副詞"别"と"不要"
D 因果関係をあらわす"因为～，所以…"
★数詞2

第十三课　汉语，你听得懂吗？　102
A 可能補語
B 動詞＋"在"
C 義務・必要性をあらわす助動詞"要""得""应该"
D 存現文
E 仮定をあらわす"如果～（的话），（就）…"
関連単語 祝祭日

| 第十四课 | 我把钥匙丢了 | 110 |

A "把"構文
B 近接未来の表現 "就要～了" ほか
C "觉得" "认为" などの動詞
D "有点儿"　　　　　　　関連単語 学園生活

| 第十五课 | 请帮我拍张照片 | 116 |

A 兼語文 "请" と "让"
B 逆接の言い方
C 方向補語（2）――目に見えない抽象的方向
D "越～越…"　　　　　　関連単語 国家

| 第十六课 | 照相机被拿走了！ | 122 |

A "被"構文
B 様態補語（2）――比較を用いた表現
C 比較（2）――"更" と "还" を用いた表現
D 一边儿～, 一边儿…　　　関連単語 日本地図

会話編
※各課の文法項目は文法編と共通

| 第一课 | 你怎么样？ | 128 |
関連単語 動物

| 第二课 | 我是东阳大学的学生 | 132 |
関連単語 学部

| 第三课 | 我学习法律，还学习汉语 | 136 |
関連単語 仕事

| 第四课 | 你有兄弟姐妹吗？ | 140 |
関連単語 飲み物

| 第五课 | 你家在哪儿？ | 144 |
関連単語 中華料理・日本料理

| 第六课 | 你今年多大了？ | 148 |
関連単語 形容詞

| 第七课 | 你在哪儿打工？ | 152 |
関連単語 アルバイト先

| 第八课 | 你吃过北京烤鸭吗？ | 156 |
関連単語 生活のための施設

| 第九课 | 能不能便宜一点儿？ | 160 |
関連単語 外国語

| 第十课 | 北京比东京冷吗？ | 164 |
関連単語 味

| 第十一课 | 你是什么时候去的？ | 168 |
関連単語 学習方法

| 第十二课 | 我可以打开看看吗？ | 172 |
関連単語 感情①（喜びの表現）

| 第十三课 | 你看得懂中文书吗？ | 176 |
関連単語 音楽ジャンル・小説ジャンル

| 第十四课 | 下个星期就要考试了 | 180 |
関連単語 試験

| 第十五课 | 请帮帮忙 | 184 |
関連単語 感情②（悲しみの表現）

| 第十六课 | 你日语说得比我的好 | 188 |
関連単語 トラベル中国語

文法ノート　192

1. "了" と時制
2. アスペクト
3. 離合詞
4. "会" の発展した用法
5. "能" と "可以" のどちらでも使える場合
6. 連動文 "有（= V_1）+ O + V_2"
7. 補語
8. 動詞句、形容詞句の「定語」
　　――動詞句、形容詞句の連体修飾
9. 形容詞の「状語」――形容詞の連用修飾
10. 使い方の違いを整理しよう
11. 副詞 "～就…" のいろいろな使い方
12. V_1 が "有" の「兼語文」
　　――S + "有（V_1）" + 兼語（O）+ V_2
13. "被" 以外の受身文
14. 「自然現象の発生」をあらわす文
　　――非主述文（主語がない文）
15. 疑問詞の非疑問用法
16. 接続成分を用いた複文

・単語表
・音節表
・中国地図

本書の構成

　本書は、学習ステップを一つずつ進めることで、学習者が中国語を身近に感じられ、中国語力を身に付けられるよう、内容と構成上の工夫がなされています。まず『文法編』で文法を学習します。「基本文」は、基本文型の構造や、活用する単語の特徴を、視覚から把握し易いようにしました。次に『会話編』の「会話文」は、各課の基本文が、よく使われる場面での表現を学べるようにしました。さらに、各課の「トレーニング」や「関連単語」で、自分の事を中国語で表現してみましょう。以下に、各構成の特徴をご説明します。本書を上手に使って、皆さんの中国語力向上に役立ててください。

 『文法編』

数字の下のアルファベットは、課ごとの文法項目の頭に付しているものです。関連する文法事項を表し、大きいものがメイン項目です。

「重要ポイント」
（注意事項）

「上級ポイント」
（より詳しい文法内容）

- **基本文：**
　上段の文には、文法の特徴が分かるように、ポイントとなる語を赤文字で示しました。下には、入れ替え語を加え、重要基本文はだいたい3文ほど挙げています。また、答え方も一緒に学べるようにしました。

- **重要単語：**
　基本文の右に付しています。既に文法解説の例文中に出てきた単語であっても、重要な単語は、繰り返しこの項目に挙げました。また『会話編』で既に学んだ単語も、『文法編』に出ていない場合は、取り上げています。これより『文法編』全編を先に学習し、その後で『会話編』を学習する、という使い方もできるようになっています。

- **練習問題：**
　各文法事項が理解できているか確認できるよう、各項目に付しました。

- **簡体字の書き順：**
　書き方のわかりにくい文字、間違いやすい文字を取り上げました。なぞって書き順を覚えましょう。（第五課まで）

- **単語練習：**
　『文法編』、『会話編』の単語を、「文法」「トレーニング」に挙げたものを中心にまとめて記載しました。まずは力試しに、書いてみましょう。ピンインは声に出しながら記入しましょう。

『会話編』

入れ替え語について①
「＿」は第1語目、「＿」は第2語目、「～」は第3語目の入れ替えを示しています。

各パターンに含まれる文法事項がすぐ分かるように、文法項目を示しています。文法項目は『文法編』と共通です。

入れ替え語について②
「／」の後ろの語彙は、次のパターンの入れ替え語です。

- **会話パターン：**

　第1課〜第11課までは、会話の場面設定を3〜4組に分け、1場面の会話練習をしやすくしました。また、単語を入れ替える「パターン」形式にし、1組の会話のやりとりに多様性を持たせました。

　第12課以降では、会話の場面をより具体的にし、対話に細かい表現を加えました。基本文型を把握できていると、細かな言い回し方も理解ができるので、ここで応用力を養うことができます。

　また、未習の文法を使っている文は「＊」をつけ、記載されている項目を提示しています。

- **トレーニング：**

　問題2は、まずは、口頭で先生に伝えてみましょう。既習文を使い自分の事を表現する練習ができます。

　第1課〜第5課の問題3は、漢字と中国語の音を結びつける応用練習です。中国語では、漢字1文字にはほぼ1音という特徴を持っています。ここでのトレーニングを通して、既習の文字が異なる意味に使われていても、同音で読めるということがわかるでしょう。

- **リスニング：**

　絵を見ながら聞き取り、その答えを中国語で答えます。十分な読み込みをしていれば、聞き取れる問題です。学んだ内容の定着度を、確認してみましょう。

中国語の勉強を
はじめましょう!

汉语 Hànyǔ（中国語）

　中国語のことを、中国語では"汉语"（漢語）といいます。これは、「漢民族の言葉」という意味です。中国は多民族国家で、56民族が暮らしていますが、漢民族は約13億の人口のうち、9割以上を占めています。そのため、漢民族が話している「漢語」を、中国を代表する言葉—中国語—としています。

普通话 pǔtōnghuà（標準語）

　広大な中国で話される"汉语"には、さまざまな方言があります。例えば、上海の方言（上海語）と、北京の方言（北京語）でそれぞれ話をしても、お互いに理解することが難しいほどです。このように、中国人同士でも言葉が通じないことが多いことから、コミュニケーションを可能にするため、標準的な中国語が作られました。この標準語としての中国語は"普通话"と呼ばれ、北京の言葉をもとに規範化されたものです。皆さんがこれから学ぶ中国語は、中国全土で通じる"普通话"です。

拼音字母 pīnyīn zìmǔ（ピンイン）

　"普通话"の読み方を、アルファベットを用いて中国式ローマ字表記したものを、"拼音字母"といいます。一般には「ピンイン」と呼ばれています。中国語独特の読み方を表記することから、日本語のローマ字表記のようであっても、日本語と読み方が異なるものも多くあります。例えば、中国語の「無気音」は、「ba」「da」「ga」と表記されますが、日本語のように「バ」「ダ」「ガ」のように完全な濁音で発音せず、息の音が聞こえないように軽く発音します。

　ピンインは、辞書を引いたりパソコンで中国語を入力したりするときに、必要となります。また、中国の地名をローマ字表記するときは、ピンインの表記方法に従って書きあらわします。例えば、北京→ Beijing、西安→ Xi'an、広州→ Guangzhou などです。

声调 shēngdiào（声調_{せいちょう}）

　中国語には"**声调**"という、音の高さと上昇・下降によって、語を区別する仕組みがあります。声調には、第一声「高」、第二声「昇」、第三声「低」、第四声「降」の4種類があり、「四声」と呼ばれます。中国語では「ピンイン」が同じでも、「声調」が異なると、意味も異なりますので、声調には注意が必要です。例えば、「ma」の第一声（mā）は"妈"（お母さん）という意味ですが、第三声（mǎ）では"马"（馬）という意味になります。「mai」の第三声（mǎi）は"买"（買う）という意味ですが、第四声（mài）では"卖"（売る）という正反対の意味になります。

简体字 jiǎntǐzì（簡体字_{かんたいじ}）

　中国語の表記には漢字を使い、中国語の出版物は漢字のみの表記が基本です。中華人民共和国成立（1949年）以後、従来の漢字の簡略化が進められてきました。中国では、簡略化された漢字を正式な文字と定め、これらを"**简体字**"といいます。「簡体字」は日本の漢字（新字体）と字形が異なります。これは、以前の画数の多い漢字に対し、中国と日本が別々に簡略化を進めた結果です。簡略化前の漢字は「繁体字_{はんたいじ}」と呼ばれ、現在でも香港、台湾で使われています。

繁体字	简体字	新字体
豐	丰	豊
樂	乐	楽
錢	钱	銭

●本書の音声について●

・音声（MP3形式）は東方書店ホームページからダウンロードできます。

① http://www.toho-shoten.co.jp/jbook/download.html にアクセス
（トップページから「音声ダウンロード」をクリックしてもアクセスできます）

② 『しっかり学べる！ 中国語』の GO DOWNLOAD をクリック

③ 外部サイト（https://ebook-viewer.jp/）へ移動しますので、
ダウンロードキー　2540603545　を入力して
OK をクリックしてください

④ 「クリックでダウンロード開始」をクリックすると、
音声データ（MP3形式）をZIP形式でダウンロードします
解凍して音楽再生ソフトなどに取り込んでご利用ください

＊ ZIP形式につき、スマートフォンやタブレット端末でダウンロードするには、
解凍ソフトが必要です。

🎧マークのある箇所の音声を収録しています。

発音

一 声調

(1) 四声

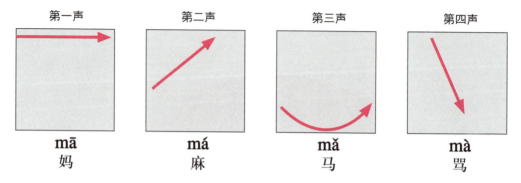

【練習1】発音しましょう。

① a － ā　á　ǎ　à　　② ma － mā　má　mǎ　mà
③ ba － bā　bá　bǎ　bà　　④ ie － iē　ié　iě　iè

(2) 軽声

短く、軽く発音する。軽声には声調符号をつけない。

māma	yéye	nǎinai	bàba	xièxie
妈妈	爷爷	奶奶	爸爸	谢谢

二 単母音

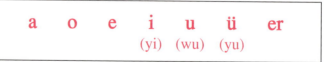

a	「ア」 日本語よりも口を大きくあける。
o	「オ」 唇を丸く突き出す。
e	口を軽くあけ、喉の奥で「ア」と発音する。
i (yi)	「イ」 口角を左右にしっかり引く。
u (wu)	「ウ」 唇をしっかりとすぼめ、丸く突き出して、口の奥から発音する。
ü (yu)	"u" を発音するように唇をすぼめて、「イ」と発音する。
er	"e" を発音しながら舌を軽く上げる。

```
～ピンイン表記のルール ①～
```
i → yi   "i" "u" "ü" は、前に子音がなく、単独で音節をなすときは、"yi""wu""yu" と
u → wu   表記する。
ü → yu   ※ "i" に声調符号を打つときは、"i" の点を取る。【練習2】④を参照のこと。

【練習2】

1. 発音しましょう。

① a － ā á ǎ à　　② o － ō ó ǒ ò　　③ e － ē é ě è　　④ i － ī í ǐ ì

⑤ u － ū ú ǔ ù　　⑥ ü － ǖ ǘ ǚ ǜ　　⑦ er － ēr ér ěr èr

2. 次の数字を発音しましょう。

① yī［一］　　② èr［二］　　③ wǔ［五］

三 複母音

ai　　ei　　ao　　ou

【練習3】発音しましょう。

① ai － āi ái ǎi ài　　② ei － ēi éi ěi èi

③ ao － āo áo ǎo ào　　④ ou － ōu óu ǒu òu

ia　　ie　　ua　　uo　　üe
(ya) (ye) (wa) (wo) (yue)

```
～ピンイン表記のルール ②～
```
ia ie iao iou → ya ye yao you   "i" "u" "ü" で始まる音節は、前に子音がつ
ua uo uai uei → wa wo wai wei   かないとき、それぞれの頭の頭文字を、
üe   → yue   "y""w""yu" に書き換える。

【練習4】

1. 発音しましょう。

① ia － yā yá yǎ yà　　② ie － yē yé yě yè　　③ ua － wā wá wǎ wà

④ uo － wō wó wǒ wò　　⑤ üe － yuē yué yuě yuè

2. 前に子音がつかないときの表記をしましょう。

① ie (　　　　)　② uo (　　　　)　③ ia (　　　　)　④ üe (　　　　)

iao　　iou　　uai　　uei
(yao)　(you)　(wai)　(wei)

～ピンイン表記のルール ③～

l + iou → liù [六]　　　"iou""uei" は前に子音があるとき、真ん中の "o""e" を除い
d + uei → duì [対]　　　て、"-iu""-ui" と表記する。

【練習5】

1. 発音しましょう。

① iao － yāo yáo yǎo yào　　② iou － yōu yóu yǒu yòu

③ uai － wāi wái wǎi wài　　④ uei － wēi wéi wěi wèi

2. 発音しましょう。

① è [饿]　② wǒ [我]　③ yǔ [雨]　④ yào [药]　⑤ yuè [月]　⑥ wéi [喂]

★声調記号をつける場所★

① 必ず母音 "a、o、e、i、u" の上につける。

② 口を大きく開ける母音が優先になる。
　a ＞ o ＞ e ＞ i・u
　lǎo　　ròu　　duō　　lèi　　bié

③ iu と ui では、後ろのほうにつける。（iu は "u"、ui は "i"）
　liù　　jiǔ　　huí　　guì
　　※ "i" につけるときは、上の "・" を除く。　yī　　nǐ　　shì

【練習6】（　）のなかの声調を、正しい位置に記号でつけましょう。

① gao（第一声）　　② die（第二声）　　③ you（第三声）

④ wai（第四声）　　⑤ tui（第二声）　　⑥ xiu（第四声）

四 子音

	無気音	有気音		
①唇音	b（o）	p（o）	m（o）	f（o）
②舌尖音	d（e）	t（e）	n（e）	l（e）
③舌根音	g（e）	k（e）	h（e）	
④舌面音	j（i）	q（i）	x（i）	
⑤そり舌音	zh（i）	ch（i）	sh（i）	r（i）
⑥舌歯音	z（i）	c（i）	s（i）	

~ピンイン表記のルール ④~

j + ü → jú［菊］
q + ü → qù［去］
x + üe → xué［学］

"j""q""x" の後につづく "ü" は "u" と表記する。
＊発音は "ü" のまま。

【練習7】

1. 発音しましょう。

① zǐ［子］− zǔ［组］　② cì［次］− cù［醋］　③ sì［四］− sù［宿］
④ sà［萨］− sè［色］　⑤ zì［字］− jì［记］　⑥ qī［七］− chī［吃］

2. 発音しましょう。

① biǎo［表］　② piǎo［漂］　③ dù［肚］　④ tù［兔］　⑤ guī［龟］
⑥ kuí［葵］　⑦ jiǔ［九］　⑧ qiú［球］　⑨ zhé［哲］　⑩ chē［车］

五 -n、-ng を持つ母音

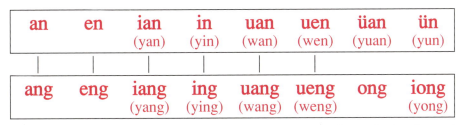

※ ian（yan）の a は「エ」と発音する。　例：yan「イエン」、nian「ニエン」

~ピンイン表記のルール ⑤~

ch + uen → chūn［春］

1. 子音の後につづく "uen" は、真ん中の "e" を除いて、"un" と表記する。
2. 主母音の "e" が消えるので、声調符号は "u" の上に打つ。

【練習8】発音しましょう。

① bān［班］ー bāng［帮］　② nián［年］ー niáng［娘］
③ qián［钱］ー qiáng［强］　④ mèn［闷］ー mèng［梦］
⑤ fēn［分］ー fēng［风］　⑥ chuán［船］ー chuáng［床］

六 声調の変化

（1）第三声が連続するとき

第三声が2つ連続すると、前の声調記号は第三声であっても、実際には第二声で発音される。

第三声 ＋ 第三声 → 第二声 ＋ 第三声　　　nǐ hǎo　［你好］
　　　　　　　　　　　　　　　　　　　　shuǐguǒ　［水果］

※声調符号は変えない。

【練習9】発音しましょう。

① hěn hǎo［很好］　② yǔsǎn［雨伞］　③ shǒubiǎo［手表］　④ kěyǐ［可以］

（2）"不"の変調

"不 bù"は後ろに第四声が続くと、第二声に変化する。

"不 bù" ＋ 第四声 → bú ＋ 第四声　　　bú shì　［不是］
　　　　　　　　　　　　　　　　　　　bú dà　［不大］

【練習10】"bu"に声調符号をつけ、単語を発音しましょう。

① bu duō［不多］　② bu máng［不忙］　③ bu hǎo［不好］　④ bu lèi［不累］

（3）"一"の変調

"一 yī"は後ろに続く声調によって、変調する。

"一 yī"単独の場合 → yī（第一声）

　　　　　　　第一声　　　　　　　第一声　　　yì bēi　［一杯］
"一 yī" ＋ 第二声 → yì（第四声） ＋ 第二声　yì píng　［一瓶］
　　　　　　　第三声　　　　　　　第三声　　　yì wǎn　［一碗］

"一 yī" ＋ 第四声 → yí（第二声） ＋ 第四声　yí dài　［一袋］

※順序・順番をあらわすとき、"一"は第一声のままで変調しない。
　yī yuè［一月］　　dì yī kè［第一课］

【練習11】 "yi" に声調符号をつけ、単語を発音しましょう。

① yiqiān［一千］　② yi nián［一年］　③ yiqǐ［一起］　④ yiwàn［一万］

七 儿化（アル化）

語尾に「r」がつくこと。発音の最後に舌先を軽く上げる。

　　　huàr［画儿］　　wánr［玩儿］　　kòngr［空儿］　　wèir［味儿］

※ "r" の直前にある "-n""-ng""i" は発音せず、その前の母音に "r" をつけて発音する。

八 声調の組み合わせ

	第一声	第二声	第三声	第四声	軽声
第一声	Dōngjīng 东京	Zhōngguó 中国	Xiānggǎng 香港	chīfàn 吃饭	māma 妈妈
第二声	xióngmāo 熊猫	Chángchéng 长城	cídiǎn 词典	yánsè 颜色	péngyou 朋友
第三声	Běijīng 北京	lǚxíng 旅行	kǒuyǔ 口语	yǎnjìng 眼镜	jiǎozi 饺子
第四声	Sìchuān 四川	dàxué 大学	Rìběn 日本	zàijiàn 再见	xièxie 谢谢

数　詞　1

| yī 一 | èr 二 | sān 三 | sì 四 | wǔ 五 | liù 六 | qī 七 | bā 八 | jiǔ 九 | shí 十 |

※ "十" は他のあらわし方もあります。

| shíyī 十一 | shí'èr 十二 | shísān 十三 | shísì 十四 | shíwǔ 十五 | shíliù 十六 | shíqī 十七 | shíbā 十八 | shíjiǔ 十九 | èrshí 二十 |

| èrshiyī 二十一 | èrshi'èr 二十二 | sānshí 三十… | sìshí 四十… | wǔshí 五十… | liùshí 六十… | qīshí 七十… | bāshí 八十… | jiǔshíjiǔ 九十九… | yìbǎi 一百 |

あいさつの言葉

Nǐ hǎo. 你 好。	こんにちは。
Nǐmen hǎo. 你们 好。	みなさんこんにちは。
Nǐ hǎo ma? 你 好 吗？	お元気ですか？
Zǎoshang hǎo. 早上 好。	おはよう。
Wǎnshang hǎo. 晚上 好。	こんばんは。
Nǐ lái le. 你 来 了。	いらっしゃい。
Chīfàn le ma? 吃饭 了 吗？	食事は済みましたか？
Qǐng wèn. 请 问。	お尋ねします。
Qǐng jìn. 请 进。	どうぞお入り下さい。
Qǐng zuò. 请 坐。	どうぞおかけ下さい。
Qǐng hē chá. 请 喝 茶。	お茶をどうぞ。
Xièxie. Xièxie nǐ. 谢谢。／谢谢 你。	ありがとう。／ありがとうございます。
Bú xiè. ——不 谢。	——どういたしまして。
Bú kèqi. ——不 客气。	——どういたしまして。
Duìbuqǐ. 对不起。	すみません。
Méi guānxi. ——没 关系。	——大丈夫ですよ。
Hǎojiǔ bú jiàn. 好久 不 见。	お久しぶりです。
Huānyíng, huānyíng. 欢迎，欢迎。	ようこそ。
Rènshi nǐ hěn gāoxìng. 认识 你 很 高兴。	お会いできて嬉しく思います。
Qǐng duō guānzhào. 请 多 关照。	よろしくお願いします。
Wǎn'ān. 晚安。	おやすみなさい。
Zàijiàn. 再见。	さようなら。

文法編

文法 第一课

第一课 Dì yī kè
你好吗? Nǐ hǎo ma?

1 A

🐼 Nǐ hǎo ma?
你 好 吗?
　　lèi
　　累

　　gāoxìng
　　高兴

🐰 Wǒ hěn hǎo.
我 很 好。
　　lèi
　　累

　　gāoxìng
　　高兴

你 nǐ 代 あなた
好 hǎo 形 よい
吗 ma 助 〜か?
我 wǒ 代 わたし
很 hěn 副 とても
累 lèi 形 疲れる
高兴 gāoxìng 形 嬉しい、喜んでいる

文法

【人称代名詞】

	一人称		二人称		三人称			疑問詞
単数	wǒ 我 私		nǐ 你 あなた	nín 您	tā 他 彼	tā 她 彼女	tā 它 それ・あれ	shéi/shuí 谁 だれ?
複数	wǒmen 我们 私たち	zánmen 咱们	nǐmen 你们 あなたたち		tāmen 他们 彼ら	tāmen 她们 彼女ら	tāmen 它们 それら・あれら	

＊"咱们"は、話の相手も含んだ「私たち」。
＊"您"は"你"の敬称。
＊"它・它们"は人間以外の事物を指す。

練習01
単数は複数に、複数は単数にしましょう。

　　wǒ　　　　　　　　　　nǐ　　　　　　　　　　tāmen
①我 _____　　②你 _____　　③他们 _____

　　wǒmen　　　　　　　　nǐmen　　　　　　　　　tā
④我们 _____　　⑤你们 _____　　⑥她 _____

文法 第一课

A 形容詞述語文　B 疑問詞を使う疑問文 "怎么样"
C 副詞 "也" と "都"
【人称代名詞】

2

A

Nǐ máng bu máng?
你 忙 不 忙 ?

è	è
饿	饿

shūfu	shūfu
舒服	舒服

Wǒ bù máng.
我 不 忙。

bú è
不 饿

bù shūfu
不 舒服

忙 máng　形 忙しい
不 bù　副 ～でない[否定]
饿 è　形 お腹がすいている
舒服 shūfu　形 気分がよい、体調がよい

A 形容詞述語文

主語＋述語〔副詞＋形容詞〕 「…は～だ」

Wǒ hěn è.
我 很 饿。

Tāmen hěn máng.
他们 很 忙。

Wǒ bú è.
我 不 饿。

Tāmen bù máng.
他们 不 忙。

＊肯定文は、形容詞の前に「程度をあらわす副詞」" 很 "" 非常 "" 太 "" 真 " などが必要。
＊特に程度を示さない場合は " 很 " をつける。
＊強く発音しない " 很 " には、「とても」という意味はない。

● "吗" の疑問文　文＋吗？　「～か？」

相手に内容の当否を問う疑問文

Nǐ è ma?
你 饿 吗？

Tāmen máng ma?
他们 忙 吗？

＊相手の答えを予測して尋ねる。

● 反復疑問文　肯定形＋否定形？　「～か？」

相手に肯定か否定のどちらなのかを問う疑問文

Nǐ è bu è?
你 饿 不 饿？

Tāmen máng bu máng?
他们 忙 不 忙？

＊反復疑問文には、文末に " 吗 " をつけない。

＊相手の答えが予測できない場合や、予測しないで尋ねるときに用いる。

Tā zěnmeyàng?
她 怎么样？

Tā yě hěn máng.
她 也 很 忙。

hǎo
好

kě'ài
可爱

她 tā 代 彼女
怎么样 zěnmeyàng 疑 どうですか?
也 yě 副 ～も
可爱 kě'ài 形 かわいい

＊a、o、e で始まる音節が他の音節のすぐ後につくとき、二単語であることを示すために、" ' "（隔音記号）で区切る。
"Xī'ān"［西安］
"shí'èr"［12］
"Tiān'ānmén"［天安門］

文法

練習02
次の語を使って、肯定文、否定文、"吗" の疑問文を作りましょう。

① 你／好　nǐ hǎo

② 她／累　tā lèi

③ 她们／高兴　tāmen gāoxìng

④ 他们／饿　tāmen è

B　疑問詞を使う疑問文 "怎么样"

Nǐ zěnmeyàng?　　　　Wǒ hěn hǎo.
你 怎么样？　――我 很 好。

Tāmen zěnmeyàng?　　Tāmen bú tài hǎo.
他们 怎么样？　――他们 不 太 好。

＊返事は形容詞で答える。
＊疑問詞疑問文は、答えを求める位置に疑問詞をおく。
＊文末には "吗" をつけない。

不太～：あまり～ない

練習03
次の語を使って "怎么样？" の疑問文を作り、"不太～" で答えましょう。

① 她／忙　tā máng

② 你／舒服　nǐ shūfu

③ 你们／高兴　nǐmen gāoxìng

4

Tāmen dōu hǎo ma?
他们 都 好 吗？

- máng 忙
- gāoxìng 高兴

Tāmen dōu hěn hǎo.
他们 都 很 好。

- máng 忙
- gāoxìng 高兴

他们 tāmen 代 彼たち
都 dōu 副 みな、すべて

C 副詞 "也" と "都"

Wǒ hěn gāoxìng.
我 很 高兴。

Wǒmen dōu hěn gāoxìng.
我们 都 很 高兴。

Tā yě hěn gāoxìng.
她 也 很 高兴。

Tāmen yě dōu hěn gāoxìng.
她们 也 都 很 高兴。

＊程度をあらわす副詞の前におく。

＊"也"は"都"の前におく。

練習04
次の語を並べ替えて文を作り、日本語に訳しましょう。

並び替え　　　　　　　日本語訳

① hěn / yě / lèi / wǒ
很 / 也 / 累 / 我　　_____　_____

② kě'ài / nǐmen / hěn / dōu
可爱 / 你们 / 很 / 都　_____　_____

③ yě / ma / shūfu / bù / nǐ
也 / 吗 / 舒服 / 不 / 你　_____　_____

④ è / dōu / bú / wǒmen / tài / yě
饿 / 都 / 不 / 我们 / 太 / 也　_____　_____

練習05
中国語に訳しましょう。

① あなたは疲れていますか？（反復疑問文で）　_____

② あなたたちはいかがですか？　_____

③ 彼女たちも（みな）あまり忙しくありません。　_____

書き順をなぞって、簡体字の書き方を覚えましょう。

你	ノ	亻	亻	伫	你	你			你
们	ノ	亻	亻	亻	们				们
吗	丨	口	口	吗	吗	吗			吗
怎	ノ	亇	亇	乍	乍	乍	怎	怎	怎
么	ノ	乙	么						么
兴	丶	丷	丷	兴	兴	兴			兴
饿	ノ	亇	饣	饣	饦	饦	饿	饿	饿
爱	一	一	乛	爫	爫	爫	爫	爱	爱

【単語練習】習った語の簡体字とピンインを書き入れましょう。

日本語	簡体字	ピンイン
あなたたち		
あなた（敬称）		
すごく		
実に		
とても		
あまり〜ない		

日本語	簡体字	ピンイン
〜か？		
どうですか？		
好き		
お腹がすく		
かわいい		
嬉しい		

教室用語

Tóngxuémen hǎo. 同学们 好。	みなさん、こんにちは。
Lǎoshī hǎo. 老师 好。	先生、こんにちは。
Xiànzài kāishǐ shàngkè. 现在 开始 上课。	これから授業をはじめます。
Xiànzài diǎnmíng, Zhāiténg tóngxué! 现在 点名，斋藤 同学！	これから点呼をします。斎藤さん！
Dào. ——到。	——はい。
Qǐng dǎkāi kèběn. 请 打开 课本。	テキストを開いて下さい。
Jīntiān xué dì yī kè. 今天 学 第 一 课。	今日は第1課を学びます。
Qǐng kàn dì ～ yè. 请 看 第 ～ 页。	～ページを開いて下さい。
Qǐng gēn wǒ niàn. 请 跟 我 念。	私の後について読んで下さい。
Qǐng zài shuō yí biàn. 请 再 说 一 遍。	もう一度言って下さい。
Dǒng le ma? 懂 了 吗？	わかりましたか？
Dǒng le. Bù dǒng. ——懂 了。／不 懂。	——わかりました。／わかりません。
Yǒu wèntí ma? 有 问题 吗？	質問はありますか？
Yǒu. Méiyǒu. ——有。／没有。	——あります。／ありません。
Jīntiān de kè jiù dào zhèr. 今天 的 课 就 到 这儿。	今日の授業はここまで。
Tóngxuémen, zàijiàn. 同学们，再见。	みなさん、さようなら。
Lǎoshī, zàijiàn. 老师，再见。	先生、さようなら。

第二课 我是日本人
Dì èr kè　Wǒ shì Rìběnrén

1 Ⓐ Ⓑ

Nǐ shì Rìběnrén ma?
你 是 日本人 吗？

xuésheng
学生

Dōngyáng dàxué de xuésheng
东阳 大学 的 学生

Shì. Wǒ shì Rìběnrén.
是。我 是 日本人。

xuésheng
学生

Dōngyáng dàxué de xuésheng
东阳 大学 的 学生

是 shì 動 ～である、そうです
日本人 Rìběnrén 名 日本人
学生 xuésheng 名 学生
东阳大学 Dōngyáng dàxué 固 東陽大学
的 de 助 ～の

文法

【指示代名詞】

	近称	遠称	疑問詞
単数	zhè/zhège(zhèige) 这／这个	nà/nàge(nèige) 那／那个	nǎ/nǎge(něige) 哪／哪个
	これ	それ	どれ？
複数	zhèxiē(zhèixiē) 这些	nàxiē(nèixiē) 那些	nǎxiē(něixiē) 哪些
	これら	それら	どれら？

*中国語には、近称と遠称のみで、中称（それ、それら）の指示代名詞がない。
*中称には、"这""那"いずれかが用いられる。

練習01 ☑ 単数は複数に、複数は単数にしましょう。

① 这 ___zhè___　② 那 ___nà___　③ 哪些 ___nǎxiē___　④ 这些 ___zhèxiē___　⑤ 哪 ___nǎ___

Ⓐ 動詞 "是"

A "是" B　A＝B 「AはBである」

Wǒ shì Rìběnrén.
我 是 日本人。

Zhè shì kèběn.
这 是 课本。

课本：テキスト

*"是"は述語になり、「＝」（イコール）と同じで、前後の事物を結びつける。
*Aは主語、Bは一種の目的語とみなされる。

A "不是" B　A≠B 「AはBではない」

Wǒ bú shì Zhōngguórén.
我 不 是 中国人。

Zhè bú shì kèběn.
这 不 是 课本。

*否定は "是" の前に副詞 "不" をおき、"不是"「～ではない」とする。

文法 第二课

A 動詞"是"　B 助詞"的"
C 疑問詞を使う疑問文 "什么""谁""哪"
[指示代名詞]

2 A B

Tā shì bu shì Zhōngguórén?
她 是 不 是 中国人？

lǎoshī
老师

Dōngyáng dàxué de xuésheng
东阳 大学 的 学生

Bú shì. Tā bú shì Zhōngguórén.
不 是。她 不 是 中国人。

lǎoshī
老师

Dōngyáng dàxué de xuésheng
东阳 大学 的 学生

中国人 Zhōngguórén 名 中国人
老师 lǎoshī 名 先生
不是 bú shì 〜ではない、そうではありません

練習02
次の文を否定文にしましょう。

Tā shì Rìběnrén.
①她 是 日本人。＿＿＿＿＿＿＿＿

Zhè shì bǐ.
②这 是 笔。＿＿＿＿＿＿＿＿　笔：ペン

Wǒmen shì lǎoshī.
③我们 是 老师。＿＿＿＿＿＿＿＿

Nà shì shǒujī.
④那 是 手机。＿＿＿＿＿＿＿＿　手机：携帯電話

● "吗"の疑問文　A"是"B＋吗？　「AはBですか？」

Nǐ shì Rìběnrén ma?
你 是 日本人 吗？

Nà shì shǒujī ma?　　Shì.　Bú shì.
那 是 手机 吗？ ——是。／不 是。

＊返事は動詞で答える。"是"を使った文では、肯定は"是"、否定は"不是"。

● 反復疑問文　A"是不是"B？　「AはBですか？」

Nǐ shì bu shì Hánguórén?
你 是 不 是 韩国人？

Nà shì bu shì shǒujī?　　Shì.　Bú shì.
那 是 不 是 手机？ ——是。／不 是。

＊文末には"吗"をつけない。

韩国人：韓国人

文法 第二课

3 Ǐ shì nǎguórén?
你 是 哪国人？

A C

| Tā |
| 她 |

| Tāmen |
| 她们 |

哪国人 nǎguórén どこの国の人?
韩国人 Hánguórén 名 韓国人

Wǒ shì Rìběnrén.
我 是 日本人。

| Tā | shì | Zhōngguórén |
| 她 | 是 | 中国人 |

| Tāmen | dōu shì | Hánguórén |
| 她们 | 都 是 | 韩国人 |

文法

練習③ 次の文を疑問文にしましょう。

Tā shì Zhōngguórén.
① 她 是 中国人。＿＿＿＿＿＿＿＿

Nín shì lǎoshī.
② 您 是 老师。＿＿＿＿＿＿＿＿

Nà shì cídiǎn.
③ 那 是 词典。＿＿＿＿＿＿＿＿   词典：辞書

Zhè shì Hànyǔ kèběn.
④ 这 是 汉语 课本。＿＿＿＿＿＿＿＿   汉语：中国語

B 助詞 "的"

単語／語句＋ "的" ＋名詞　　「〜の 名詞 」

＊日本語の「の」に似ており、単語や語句を、"的"を用いて、後ろの名詞に修飾させることができる。（連体修飾）

連体修飾

wǒ de kèběn
我 的 课本

Dōngyáng dàxué de xuésheng
东阳 大学 的 学生

〔1〕"的" の省略

人称代名詞＋（"的"）＋名詞〔所属先・人間関係〕

＊前の語が「人称代名詞」、後ろの名詞が「所属先」または「人間関係」の場合は省略することができる。

wǒ (de) māma
我 (的) 妈妈

wǒ (de) jiā
我 (的) 家

tāmen (de) lǎoshī
她们 (的) 老师

wǒmen (de) dàxué
我们 (的) 大学

妈妈：お母さん
家：家

Zhè shì shénme?
这 是 什么？

Zhè shì kèběn.
这 是 课本。

cídiǎn
词典

Hànyǔ kèběn
汉语 课本

Hàn-Rì cídiǎn
汉日 词典

这 zhè 代 これ、それ
什么 shénme 疑 何、何の？
课本 kèběn 名 教科書、テキスト
词典 cídiǎn 名 辞典
汉语 Hànyǔ 名 中国語
汉日词典 Hàn-Rì cídiǎn 名 中日辞典

〔2〕後ろの名詞の省略

Wǒ shì Dōngyáng dàxué de (xuésheng).
我 是 东阳 大学 的（学生）。

Zhè shì lǎoshī de (bǐ).
这 是 老师 的（笔）。

＊何を指すのかがわかっている場合は、後ろの名詞を省略することができる。

★結びつきが強い単語同士は、"的"が省略され、熟語化している。
汉语课本、汉日词典、日本文学、中国老师、中国学生 など。
× 中国人的老师、中国人的学生

練習04
次の語を日本語の意味になるように"的"でつなぎましょう。また"的"が省略されるか確認しましょう。

tā bàba
①她／爸爸 ＿＿＿＿＿＿＿

彼女のお父さん
爸爸：お父さん

shǒujī māma
②手机／妈妈 ＿＿＿＿＿＿＿

お母さんの携帯電話

lǎoshī cídiǎn
③老师／词典 ＿＿＿＿＿＿＿

先生の辞典

péngyou Zhōngguó
④朋友／中国 ＿＿＿＿＿＿＿

中国人の友達
朋友：友達

C 疑問詞を使う疑問文 "什么""谁""哪"

Zhè shì shénme?
这 是 什么？

Nǐ de zhuānyè shì shénme?
你 的 专业 是 什么？
专业：専門

Tā shì shéi?
他 是 谁？

Shéi shì nǐ māma?
谁 是 你 妈妈？

Nǎge shì lǎoshī de (bǐ)?
哪个 是 老师 的（笔）？

＊文末には"吗"をつけない。＊求める答えの位置に疑問詞をおく。
＊"什么"（何、どんな）はモノを、"谁"（だれ）はヒトを尋ねる時に用いる。

5

Nà shì shéi de shū?
那 是 谁 的 书？

- bǐ 笔
- kèběn 课本
- shǒujī 手机

Nà shì wǒ de.
那 是 我 的。

- lǎoshī 老师
- Lǐ Hóng 李 红
- Xiǎolín 小林

那 nà 代 あれ、それ
谁 shéi 疑 だれ？
书 shū 名 本
笔 bǐ 名 ペン
手机 shǒujī 名 携帯電話
李红 Lǐ Hóng 固 李紅
小林 Xiǎolín 固 小林

文法

"什么"＋名詞　「何の～」「どんな～」「何という～」

Zhè shì shénme kèběn?
这 是 **什么** 课本？

Nǐ jiào shénme míngzi?
你 叫 **什么** 名字？

叫：(名前は)～という
名字：名前

練習05

下線の答えを求める疑問詞疑問文を作りましょう。

① Zhè shì shǒujī.
　这 是 手机。＿＿＿＿＿＿＿＿

② Tā shì wǒ péngyou.
　她 是 我 朋友。＿＿＿＿＿＿＿＿

③ Nà shì tā de bǐ.
　那 是 她 的 笔。＿＿＿＿＿＿＿＿

④ Zhè shì Hàn-Rì cídiǎn.
　这 是 汉日 词典。＿＿＿＿＿＿＿＿

練習06

中国語に訳しましょう。

①これらはみんなあなたのですか？

②あなたの中国語の先生はどこの国の人ですか？

③私たちはみんな韓国人ではありません、日本人です。

人の呼び方

- ●先生に対して： "老师" lǎoshī　"任老师"（任先生）
- ●学生に対して：
  - ・学生同士はフルネームで呼ぶ。「さん」にあたる言葉はつけなくてよい。日本人を呼ぶときは姓のみで呼ぶ。
    "李红"（李紅さん）　"清水"（清水さん／君）
  - ・先生が学生に対する場合：
    "同学" tóngxué　"李同学"（李さん／君）　"清水同学"（清水さん／君）
- ●男性に対して： "先生" xiānsheng　"张先生"（張さん）　"小林先生"（小林さん）
- ●女性に対して： "女士" nǚshì　"王女士"（王さん）　"和田女士"（和田さん）
- ●親しみを込めた呼び方
  - 若い人に対して： "小" Xiǎo ＋ 姓　→ "小王"（王さん）
  - 年配者に対して： "老" Lǎo ＋ 姓　→ "老李"（李さん）
- ●レストランやホテルの従業員を呼ぶとき： "服务员" fúwùyuán、"劳驾" láojià（すみません）

※相手を何と呼んだらいいのかわからないときは、次のように聞いてみましょう。
　　Wǒ gāi zěnme chēnghu nín ne?
　"我 该 怎么 称呼 您 呢？"（何とお呼びすればよろしいでしょうか？）

書! 書き順をなぞって、簡体字の書き方を覚えましょう。

这	丶	亠	ナ	文	文	辶	这			这
那	刁	ㅋ	刂	月	那	那				那
哪	丨	冂	口	叮	叮	叫	明	哪	哪	哪
东	一	七	车	东	东					东
什	丿	亻	仁	什						什
书	乛	乛	书	书						书
语	丶	讠	讠	讠	语	语	语	语	语	语

【単語練習】習った単語の簡体字とピンインを書き入れましょう。

日本語	簡体字	ピンイン
友達		
お母さん		
一年生		

日本語	簡体字	ピンイン
専門		
名前		
何学部？		

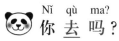

第三课 Dì sān kè
我学习法律 Wǒ xuéxí fǎlǜ

1 A

Nǐ qù ma?
你 去 吗？
- hē 喝
- mǎi 买
- xuéxí 学习

Wǒ qù.
我 去。
- hē 喝
- mǎi 买
- xuéxí 学习

去 qù 動 （目的地へ）行く
喝 hē 動 飲む
买 mǎi 動 買う
学习 xuéxí 動 学習する、勉強する

文法

A 動詞述語文

主語＋動詞（＋目的語）　「…は～する」

Wǒ xuéxí.　　　　　　Tā qù.
我 学习。　　　　　　他 去。

Wǒ xuéxí Hànyǔ.　　　Tā qù Běijīng.
我 学习 汉语。　　　　他 去 北京。

＊動詞"去"（行く）、"来"（来る）の目的語：
　場所をあらわす語

北京：北京

● 否定文　"不"＋動詞　「～しない」

Wǒ bù xuéxí Hànyǔ.　　Tā bú qù Běijīng.
我 不 学习 汉语。　　　他 不 去 北京。

● "吗"の疑問文　文＋"吗"　「～か？」

＊はい／いいえの返事：動詞の肯定形／否定形

Nǐ xuéxí Hànyǔ ma?　　Xuéxí. Bù xuéxí.
你 学习 汉语 吗？　──学习。／不 学习。

Tā qù Běijīng ma?　　Qù. Bú qù.
他 去 北京 吗？　──去。／不 去。

＊答えを予測して尋ねる。
　→ "对" "是的"（そうです）で答えられる。

文法 第三课

A 動詞述語文
B 省略疑問文
C 語気助詞 "吧"

②
A

Tā lái bu lái?
她 来 不 来？

kàn bu kàn
看 不 看

tīng bu tīng
听 不 听

xǐ huan bu xǐhuan
喜（欢）不 喜欢

Tā bù lái.
她 不 来。

bú kàn
不 看

bù tīng
不 听

bù xǐhuan
不 喜欢

来 lái 動 来る
看 kàn 動 見る、読む
听 tīng 動 聞く
喜欢 xǐhuan 動 好き、好む

● 反復疑問文　肯定形＋否定形？　「〜か？」

Nǐ mǎi bu mǎi cídiǎn?　　Mǎi.　Bù mǎi.
你 买 不 买 词典？　　——买。／不 买。

Tā lái bu lái Rìběn?　　Lái.　Bù lái.
他 来 不 来 日本？　　——来。／不 来。

＊予測や前提なく尋ねる。
　→ "对""是的" で答えられない。

練習01
次の文を否定文と反復疑問文にしましょう。

　　　　　　　　　　　　　否定文　　　　　　　　　　反復疑問文

Tā hē.
①他 喝。　_____　_____

Tā qù xuéxiào.
②她 去 学校。　_____　_____
　　　　　　　　　　　　　　　　　　　　　　　　　　　　学校：学校

Tāmen kàn kèběn.
③她们 看 课本。　_____　_____

Tāmen mǎi shū.
④他们 买 书。　_____　_____

33

3 A

Nǐ xué shénme?
你 学 什么？

zuò
做

xìng
姓

jiào
叫

Wǒ xué fǎlǜ.
我 学 法律。

tīng yīnyuè
听 音乐

xìng Hétián
姓 和田

jiào Hétián Měizǐ
叫 和田 美子

学 xué 動 学ぶ、習う、勉強する
做 zuò 動 する
姓 xìng 動 (姓は)〜である
叫 jiào 動 (名前は)〜という
法律 fǎlǜ 名 法律
音乐 yīnyuè 名 音楽

文法

練習02
日本語と同じ意味になるように、次の語を並べ替えましょう。

① lái / Wáng lǎoshī / Rìběn
来 / 王 老师 / 日本 ＿＿＿＿＿＿＿＿＿＿＿＿＿＿＿＿＿＿＿
王先生が日本に来ます。

② ma / nǐmen / yīnyuè / dōu / tīng
吗 / 你们 / 音乐 / 都 / 听 ＿＿＿＿＿＿＿＿＿＿＿＿＿＿＿＿＿＿＿
あなたたちはみな音楽を聴きますか？

③ dōu / tāmen / gǒu / xǐhuan / bù
都 / 她们 / 狗 / 喜欢 / 不 ＿＿＿＿＿＿＿＿＿＿＿＿＿＿＿＿＿＿＿   狗：犬
彼女らはみな犬が嫌いです。

練習03
中国語に訳しましょう。

①私は中国語を学んでいます。 ＿＿＿＿＿＿＿＿＿＿＿＿＿＿＿＿＿＿＿

②あなたたちはみな買い物をしますか？ ＿＿＿＿＿＿＿＿＿＿＿＿＿＿＿＿＿＿＿

③彼女は小林といいます。 ＿＿＿＿＿＿＿＿＿＿＿＿＿＿＿＿＿＿＿

④彼らはみな食事をしません。 ＿＿＿＿＿＿＿＿＿＿＿＿＿＿＿＿＿＿＿

4

 Wǒ chīfàn. Nǐ ne?
我 吃饭。你 呢？

shàngkè
上课

mǎi dōngxi
买 东西

xuéxí Hànyǔ
学习 汉语

Wǒ yě chīfàn.
我 也 吃饭。

shàngkè
上课

mǎi dōngxi
买 东西

xuéxí Hànyǔ
学习 汉语

吃饭 chī//fàn 動 食事をする
＊吃 chī 動 食べる
＊饭 fàn 名 ご飯、食事
呢 ne 助 〜は？
上课 shàng//kè 動 授業に出る/行く
＊上 shàng 動 （授業に）出る/行く
＊课 kè 名 授業
东西 dōngxi 名 もの
买东西 mǎi dōngxi 買い物をする

「＊」は単独であらわれていない単語。
「—//—」は離合詞。離合詞については
「文法ノート ❸離合詞」参照のこと。

B 省略疑問文

名詞＋"呢"？ 「〜は？」

Wǒ xìng Qīngshuǐ. Nǐ ne?　　Wǒ xìng Wáng.
我 姓 清水。你 呢？ ——我 姓 王。

Qīngshuǐ qù Běijīng. XiǎoWáng ne?　　Tā yě qù. Tā bú qù.
清水 去 北京。小王 呢？ ——她 也 去。/ 她 不 去。

Wǒ qù xuéxiào. Nǐmen ne?　　Wǒmen yě dōu qù. Wǒmen dōu bú qù.
我 去 学校。你们 呢？ ——我们 也 都 去。/ 我们 都 不 去。

練習04
中国語に訳しましょう。

①私は日本人です。あなたは？　＿＿＿＿＿＿＿＿＿＿＿＿＿＿＿＿＿

②私はご飯を食べます。清水さんは？　＿＿＿＿＿＿＿＿＿＿＿＿＿＿

③彼は法律を勉強しています。王さんは？　＿＿＿＿＿＿＿＿＿＿＿＿

④私は和田美子といいます。あなたたちは？　＿＿＿＿＿＿＿＿＿＿＿

⑤私の父は元気です。あなたのお母さんは？　＿＿＿＿＿＿＿＿＿＿＿

⑤ ＡＣ

🐼 Zánmen chīfàn ba.
咱们 吃饭 吧。

zǒu
走

kàn diànshì
看 电视

🐰 Hǎo de.
好 的。

走 zǒu 動 行く、立ち去る、歩く
电视 diànshì 名 テレビ
好的 hǎo de いいですよ、そうしよう[同意]

⑥ ＡＣ

🐼 Nǐ hē chá ba.
你 喝 茶 吧。

zuò
坐

🐰 Xièxie. Hǎo de.
谢谢。／好 的。

茶 chá 名 お茶
坐 zuò 動 座る
谢谢 xièxie ありがとう

文法

C 語気助詞 "吧"

文＋"吧" ❶提案 ❷勧め ❸推量 をあらわす。

❶ Zánmen hē chá ba.
咱们 喝 茶 吧。　　「～（し）ましょう」

❷ Nǐ hē ba.
你 喝 吧。　　　　「～なさい」「～して」

❸ Nǐ shì Rìběnrén ba?
你 是 日本人 吧？　「～でしょう？」

＊❷「勧め」の答え方について：
料理や席を勧められて、
感謝の意をあらわすとき→ "谢谢"
「はい」（そうしましょう）と同意するとき→ "好的"

＊❸は「ほぼそうであろう」と推測し、軽く念を押したり、同意を促すときに使う。

練習05

📝 "吧" を使った文を作り、日本語に訳しましょう。

① nǐ bú shì Zhōngguórén
你 不 是 中国人 ＿＿＿＿＿＿＿　　＿＿＿＿＿＿＿

② nǐ zǒu
你 走 ＿＿＿＿＿＿＿　　＿＿＿＿＿＿＿

③ zánmen mǎi dōngxi
咱们 买 东西 ＿＿＿＿＿＿＿　　＿＿＿＿＿＿＿

④ tā lái
她 来 ＿＿＿＿＿＿＿　　＿＿＿＿＿＿＿

⑤ zánmen zuò
咱们 坐 ＿＿＿＿＿＿＿　　＿＿＿＿＿＿＿

你 / 您

东阳 大学 的 / 徐 老师

Shì de. Duì.
是的。／对。

徐 Xú 固 徐（ジョ）

是的 shì de そうです、そのとおり（丁寧な言い方）

对 duì 形 そうです、そのとおり、正しい

練習06

中国語に訳しましょう。

①私は中国語の授業に出ます。あなたは？ _____

②彼は猫が嫌いです。 _____ 猫：猫 māo

③あなたはどんな音楽を聞きますか？ _____

④私たち行きましょうよ。 _____

⑤召し上がれ。（食べて） _____

⑥彼女たちはみな中国人でしょう？ _____

関連単語

甜品 tiánpǐn ：スイーツ
- 刨冰 bàobīng　かき氷
- 冰激淋 bīngjīlín　アイスクリーム
- 蛋糕 dàngāo　ケーキ

水果 shuǐguǒ ：果物
- 草莓 cǎoméi　いちご
- 橘子 júzi　みかん
- 香蕉 xiāngjiāo　バナナ
- 苹果 píngguǒ　りんご
- 葡萄 pútao　ぶどう
- 梨 lí　なし
- 西瓜 xīguā　すいか

蔬菜 shūcài ：野菜
- 青椒 qīngjiāo　ピーマン
- 萝卜 luóbo　大根
- 西红柿 xīhóngshì　トマト
- 胡萝卜 húluóbo　にんじん
- 黄瓜 huángguā　キュウリ
- 白菜 báicài　白菜
- 香菜 xiāngcài　パクチー
- 青梗菜 qīnggěngcài　チンゲンサイ

中国語の辞書を引いてみよう

～自分の名前を中国語で言おう～

● 自分の氏名をピンインと簡体字で書き入れ、発音してみよう。

名前	
簡体字	
ピンイン・声調	

書! 書き順をなぞって、簡体字の書き方を覚えましょう。

喝	口	口	吅	吅	呵	呩	喝	喝	喝	喝
买	一	丆	亇	乛	买	买				买
吃	丨	口	口	口'	吃	吃				吃
饭	丿	𠂊	饣	饣	饣	饭	饭			饭
乐	一	二	乐	乐	乐					乐
视	丶	冫	礻	礻	礻	礻	礻	视		视

【単語練習】 習った語の簡体字とピンインを書き入れましょう。

日本語	簡体字	ピンイン
犬		
北京		
猫		
法律を学ぶ		
学校に行く		

日本語	簡体字	ピンイン
買い物をする		
食事をする		
お茶を飲む		
テレビを見る		
何をする？		

你有兄弟姐妹吗？
Nǐ yǒu xiōngdì jiěmèi ma?

1
A

Nǐ yǒu chē ma?
你 有 车 吗？

- qián 钱
- shǒujī 手机
- zìxíngchē 自行车

Wǒ méiyǒu. Wǒ gēge yǒu.
我 没有。我 哥哥 有。

- Lǎo Lǐ 老李
- Xiǎo Zhāng 小张
- Qīngshuǐ 清水

有 yǒu 動 持っている、いる
车 chē 名 車
钱 qián 名 お金
自行车 zìxíngchē 名 自転車
没有 méiyǒu 動 持っていない
哥哥 gēge 名 兄、お兄さん
老李 Lǎo Lǐ 李さん
小张 Xiǎo Zhāng 張さん

文法

A 所有をあらわす "有"

人（所属場所を含む）＋ "有" ＋モノ／人　「～を持っている」「～がいる」

Wǒ yǒu Hàn-Rì cídiǎn.　　Wǒ yǒu gēge.
我 有 汉日 词典。　　　　我 有 哥哥。

● 否定文　人＋ "没有" ＋モノ／人　「～を持っていない」「～がいない」

Wǒ méiyǒu Hàn-Rì cídiǎn.　　Wǒ méiyǒu gēge.
我 没有 汉日 词典。　　　　我 没有 哥哥。

● "吗" の疑問文

Nǐ yǒu Hàn-Rì cídiǎn ma?　　Nǐ yǒu xiōngdì jiěmèi ma?
你 有 汉日 词典 吗？　　　　你 有 兄弟 姐妹 吗？

文法 第四課

A 所有をあらわす"有"　**B** 量詞
C "几"と"多少"——数をたずねる疑問詞
【時刻の言い方】

2 A B

Nǐ yǒu xiōngdì jiěmèi ma?
你 有 兄弟 姐妹 吗？

Yǒu. Wǒ yǒu yí ge mèimei.
有。我 有 一 个 妹妹。

liǎng ge jiějie
两 个 姐姐

yí ge gēge hé yí ge dìdi
一 个 哥哥 和 一 个 弟弟

兄弟姐妹 xiōngdì jiěmèi
　名 兄弟（姉妹）
个 ge 　量 〜人、〜個
妹妹 mèimei 　名 妹
两 liǎng 　数 ふたつ
姐姐 jiějie 　名 姉、お姉さん
和 hé 　接 〜と
弟弟 dìdi 　名 弟

● 反復疑問文

Nǐ yǒu méiyǒu Hàn-Rì cídiǎn?　　Yǒu. Méiyǒu.
你 有 没有 汉日 词典？ ——有。／没有。

Nǐ yǒu méiyǒu xiōngdì jiěmèi?　　Yǒu. Wǒ yǒu jiějie. Méiyǒu. Wǒ shì dúshēngzǐ.
你 有 没有 兄弟 姐妹？ ——有。我 有 姐姐。／没有。我 是 独生子。

独生子：一人っ子

練習01
次の文を否定文と反復疑問文にしましょう。

　　　　　　　　　　　否定文　　　　　　　　　　　反復疑問文

Nǐ yǒu chē.
①你 有 车。　＿＿＿＿＿＿＿＿＿　＿＿＿＿＿＿＿＿＿

Tā yǒu zìxíngchē.
②她 有 自行车。　＿＿＿＿＿＿＿＿＿　＿＿＿＿＿＿＿＿＿

Nǐ yǒu Hànyǔ kèběn.
③你 有 汉语 课本。　＿＿＿＿＿＿＿＿＿　＿＿＿＿＿＿＿＿＿

Tāmen yǒu piào.
④他们 有 票。　＿＿＿＿＿＿＿＿＿　＿＿＿＿＿＿＿＿＿

3 B

Tā yào nǎ ge shūbāo?
他要**哪个**书包？

běn	zázhì
本	杂志
zhāng	piào
张	票
shuāng	xié
双	鞋

Tā yào zhè ge.
他要**这个**。

běn
本
zhāng
张
shuāng
双

要 yào 動 欲しい、欲しがる、要る
哪个 nǎge 代 どれ？ どの？
书包 shūbāo 名 カバン
本 běn 量 〜冊
杂志 zázhì 名 雑誌
张 zhāng 量 〜枚
票 piào 名 チケット
双 shuāng 量 〜足
鞋 xié 名 靴
这个 zhège 代 これ、この

文法

B 量詞   数詞＋量詞＋名詞

人、モノ、事柄などを数えるときに使う。日本語の助数詞と同じ。

ge 个	人・個	yí ge rén 一 个 人	liǎng ge bāozi 两 个 包子
běn 本	冊	sān běn shū 三 本 书	sì běn zázhì 四 本 杂志
zhāng 张	枚	wǔ zhāng zhǐ 五 张 纸	liù zhāng piào 六 张 票
bēi 杯	杯・カップ	qī bēi shuǐ 七 杯 水	bā bēi kāfēi 八 杯 咖啡
píng 瓶	瓶・本	jiǔ píng kělè 九 瓶 可乐	shí píng kuàngquánshuǐ 十 瓶 矿泉水
shuāng 双	足・膳	yì shuāng xié 一 双 鞋	liǎng shuāng kuàizi 两 双 筷子
jiàn 件	着・件	sān jiàn yīfu 三 件 衣服	sì jiàn shìr 四 件 事儿

*「ふたつ」と表現するとき：数量をあらわす "**两**" を使う。" 二 " は順序をあらわすので使わない。

*" 个 " は特定の量詞をもたない名詞によく用いられる。もとの発音は「gè」だが、量詞として用いる時は「ge」と発音する。

包子：肉まん
纸：紙
水：水
咖啡：コーヒー
矿泉水：ミネラルウォーター
筷子：箸
衣服：服
事儿：事柄

*何について言っているか相手がわかれば、後ろの名詞は省略できる。
Nǐ yǒu xiàngpí ma?   Yǒu. Wǒ yǒu liǎng ge (xiàngpí).
你 有 橡皮 吗？——有。我 有 **两 个**（橡皮）。
橡皮：消しゴム

4

🐼 Nǐ jiā yǒu jǐ kǒu rén?
你 家 有 几 口 人？

🐰 Wǒ jiā yǒu sì kǒu rén.
我 家 有 四 口 人。

wǔ
五

liù
六

家 jiā 名 家庭、家
几 jǐ 疑 いくつ?
口 kǒu 量 ～人（家族・村などの人数を数える）
人 rén 名 人間、人

練習02
（　）に適当な量詞を入れましょう。

① sān 三（　）péngyou 朋友　② liǎng 两（　）cídiǎn 词典　③ qī 七（　）kuàngquánshuǐ 矿泉水

④ yī 一（　）xié 鞋　⑤ wǔ 五（　）wūlóngchá 乌龙茶　⑥ shí 十（　）yīfu 衣服

乌龙茶：ウーロン茶

● 指示代名詞がつく場合　　指示代名詞＋数詞＋量詞＋名詞

"这" "那" "哪" は、連体詞（「この～」「あの～」「どの～」）になる。
数詞が "一" のとき、"一" はよく省略される。

"这"「これ」				Wǒ mǎi zhè liǎng ge shūbāo. 我买这两个书包。	このふたつのカバン
"那"「あれ」	＋数詞＋	量詞	＋名詞 ➡	Wǒ mǎi nà (yì) běn shū. 我买那（一）本书。	あの（1冊の）本
"哪"「どれ」				Nǎ (yì) běn shū shì nǐ de? 哪（一）本书是你的？	どの（1冊の）本

指示代名詞＋量詞　対象物が単体で、かつ聞き手が何について言っているかわかる場合、後ろの "一" と名詞はしばしば省略される。

"这"「これ」			Wǒ mǎi zhè ge. 我买这个。	これを買います。
"那"「あれ」	＋量詞	➡	Wǒ mǎi nà běn. 我买那本。	あれを買います。　×あの本
"哪"「どれ」			Nǎ běn shì nǐ de? 哪本是你的？	どれがあなたのですか？　×どの本

Nǐ yǒu jǐ ge píngguǒ?
你 有 几 个 苹果？

běn	cídiǎn
本	词典
zhāng	piào
张	票
píng	kělè
瓶	可乐

Wǒ yǒu liǎng ge.
我 有 两 个。

běn
本

zhāng
张

píng
瓶

苹果 píngguǒ 名 リンゴ
瓶 píng 量 〜本
可乐 kělè 名 コーラ

文法

練習03
日本語に訳しましょう。

Zhè běn shū zěnmeyàng?
①这 本 书 怎么样？ _____

Wǒ xǐhuan nà jiàn yīfu.
②我 喜欢 那 件 衣服。 _____

Wǒ yào zhè běn.
③我 要 这 本。 _____

Nǐ yào nǎge?
④你 要 哪个？ _____

C "几"と"多少" ―数をたずねる疑問詞

〔1〕"几"：答えに10以下の数を想定してたずねるとき

"几"＋量詞＋名詞

＊何を指しているか相手がわかれば、名詞は省略できる。

Wǒ yào bāozi.　　　Nǐ yào jǐ ge (bāozi)?
我 要 包子。――你 要 几 个（包子）？

Xiànzài jǐ diǎn?　　Xiànzài shí diǎn.
现在 几 点？――现在 十 点。

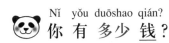

Nǐ yǒu duōshao qián?
你 有 多少 钱？

rìyuán
日元

(běn) shū
（本） 书

Wǒ zhǐ yǒu yìbǎi kuài (qián).
我 只 有 一百 块 （钱）。

yìqiān rìyuán
一千 日元

yìbǎi běn zuǒyòu
一百 本 左右

多少 duōshao 疑 いくつ？ どのくらい？
多少钱 duōshao qián いくらですか？
日元 rìyuán 名 円(日本の貨幣単位)
只 zhǐ 副 ただ、～だけ、～しかない
百 bǎi 数 百
块 kuài 量 元(中国の貨幣単位)
千 qiān 数 千
左右 zuǒyòu 名 ～くらい、～前後

---

[2] "多少"：答えに10以上の数を想定してたずねるとき

"多少"（＋量詞）＋名詞

＊"多少"の後ろにつく量詞は省略できる。

Nǐmen bān yǒu duōshao (ge) xuésheng?　　Wǒmen bān yǒu sānshí ge (xuésheng).
你们 班 有 多少 (个) 学生？——我们 班 有 三十 个 (学生)。

班：クラス

Nǐmen xuéxiào yǒu duōshao (ge) liúxuéshēng?　　Dàgài yǒu yìbǎi ge (liúxuéshēng).
你们 学校 有 多少 (个) 留学生？——大概 有 一百 个 (留学生)。

留学生：留学生
大概：おおよそ、だいたい

练习04

中国語に訳しましょう。

①彼女は1人の姉と2人の弟がいます。＿＿＿＿＿＿＿＿＿＿＿＿＿＿

②私はチケットを3枚買います。＿＿＿＿＿＿＿＿＿＿＿＿＿＿

③私もこの本を持っています。＿＿＿＿＿＿＿＿＿＿＿＿＿＿

④あなたは中国の友達が何人いますか？＿＿＿＿＿＿＿＿＿＿＿＿＿＿

【時刻の言い方】

Xiànzài jǐ diǎn?
现在 几 点？

2：00	liǎng diǎn (zhōng) 两 点（钟）		3：02	sān diǎn líng èr fēn 三 点 零 二 分
4：15	sì diǎn yí kè 四 点 一 刻		5：30	wǔ diǎn bàn 五 点 半
6：45	liù diǎn sān kè 六 点 三 刻		7：55	chà wǔ fēn bā diǎn 差 五 分 八 点

早上	zǎoshang	朝
上午	shàngwǔ	午前
中午	zhōngwǔ	正午
下午	xiàwǔ	午後
晚上	wǎnshang	夜

差：不足する、足りない
一刻：15分

※会話の時は12時間制で、日本のように「午前」「午後」をつけて表現する。　例）○下午两点　×十四点

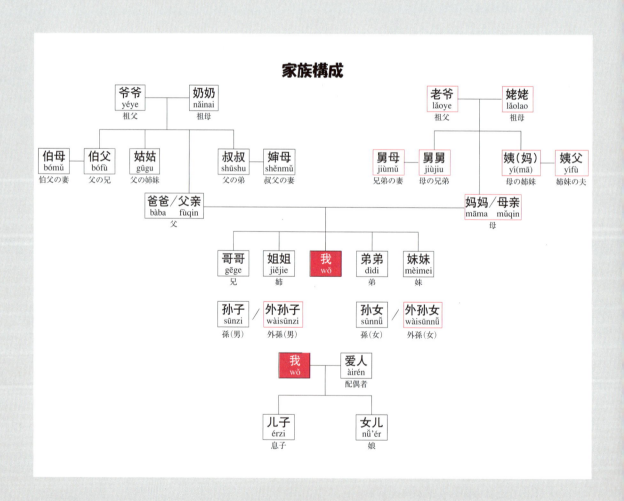

家族構成

書き順をなぞって、簡体字の書き方を覚えましょう。

车	一	ㄜ	𠂏	车					车
钱	ノ	𠂉	𠂆	钅	钅	钅	钱	钱	钱
张	ㄱ	弓	弓	弓	弜	张	张		张
瓶	'	''	丷	并	并	并	瓶	瓶	瓶	瓶

【単語練習】習った語の簡体字とピンインを書き入れましょう。

日本語	簡体字	ピンイン
一人っ子		
紙		
水		
ミネラルウォーター		
肉まん		
コーヒー		
服		
事柄		
消しゴム		
箸		

日本語	簡体字	ピンイン
クラス		
留学生		
携帯番号		
15分		
不足する、足りない		
朝		
夜		
午前		
正午		
午後		

第五课 Dì wǔ kè

Nǐ zài nǎr? 你在哪儿？

1 A

Nǐ zài nǎr?
你 在 哪儿？

Wǒ zài jiàoshì.
我 在 教室。

túshūguǎn 图书馆
chēzhàn 车站
yóujú 邮局

在 zài 動 いる、ある
哪儿 nǎr 疑 どこ？
教室 jiàoshì 名 教室
图书馆 túshūguǎn 名 図書館
车站 chēzhàn 名 駅、バス停
邮局 yóujú 名 郵便局

文法

【場所をあらわす代名詞】

近 称	遠 称	疑 問 詞
zhèr/zhèli 这儿 / 这里	nàr/nàli 那儿 / 那里	nǎr/nǎli 哪儿 / 哪里
ここ	そこ　　あそこ	どこ？

A 動詞 "在"

人／モノ＋"在"＋場所　「〔人〕は〔場所〕にいる」「〔モノ〕は〔場所〕にある」

Tā zài zhèr.
他 在 这儿。

Tā bú zài zhèr.
他 不 在 这儿。

Tā zài nàr ma?
他 在 那儿 吗？

Tā zài nǎr?
他 在 哪儿？

Wǒ jiā zài Dōngjīng.
我 家 在 东京。

Wǒ jiā bú zài Dōngjīng.
我 家 不 在 东京。

Nǐ jiā zài Dōngjīng ma?
你 家 在 东京 吗？

Nǐ jiā zài nǎr?
你 家 在 哪儿？

东京：東京

＊建物や施設は「モノ」となるときもあれば、「場所」となるときもある。
「モノ」邮局 在 哪儿？　「場所」他 在 邮局。

＊名詞の場所化
名詞＋方位詞（"的""边儿"はよく省略される。）
zhuōzi　　　　zhuōzi (de) shàngbianr
「モノ」桌子 → 「場所」桌子（的）上边儿
Nǐ de kèběn zài zhuōzi shang.
你 的 课本 在 桌子 上。

文法 第五课

A 動詞"在"　**B** 存在をあらわす"有"
C 動詞"喜欢"　**D** 選択疑問文"还是"
【場所をあらわす代名詞】　【方位詞】

2 　A 方位詞

Nǐ de shǒujī zài nǎr?
你 的 手机 在 哪儿？

Shǒujī zài shūbāo li.
手机 在 书包 里。

zhuōzi shang
桌子 上

péngyou nàr
朋友 那儿

里 li 方 中
桌子 zhuōzi 名 机
上 shang 方 上
那儿 nàr 代 あそこ、そこ

【方位詞】位置をあらわす言葉

shàngbian(r) 上边（儿）	xiàbian(r) 下边（儿）	dōngbian(r) 东边（儿）
zuǒbian(r) 左边（儿）	yòubian(r) 右边（儿）	nánbian(r) 南边（儿）
qiánbian(r) 前边（儿）	hòubian(r) 后边（儿）	xībian(r) 西边（儿）
lǐbian(r) 里边（儿）中	wàibian(r) 外边（儿）	běibian(r) 北边（儿）
pángbiān(r) 旁边（儿）そば	duìmiàn(r) 对面（儿）向かい	

＊名詞の後ろでは、
"的""边儿"はよく省略される。

shūbāo de lǐbianr
书包 的 里边儿
shūbāo lǐbianr
➡ 书包 里边儿
shūbāo li
➡ 书包 里

練習01
次の中国語の質問に対して、〔　〕の日本語の意味になるように、中国語で答えましょう。

　　Nǐ jiā zài nǎr?
①你 家 在 哪儿？〔自分の出身地〕＿＿＿＿＿＿＿＿＿＿＿＿＿＿＿＿＿＿＿＿＿

　　Nǐ māma zài nǎr?
②你 妈妈 在 哪儿？〔家〕＿＿＿＿＿＿＿＿＿＿＿＿＿＿＿＿＿＿＿＿＿

　　Nǐ bàba zài nǎr?
③你 爸爸 在 哪儿？〔会社〕＿＿＿＿＿＿＿＿＿＿＿＿＿＿＿　会社：公司 gōngsī

　　Nǐ péngyou zài nǎr?
④你 朋友 在 哪儿？〔図書館〕＿＿＿＿＿＿＿＿＿＿＿＿＿＿＿＿＿＿

　　Xǐshǒujiān zài nǎr?
⑤洗手间 在 哪儿？〔あそこ〕＿＿＿＿＿＿＿＿＿＿＿＿　洗手间：トイレ、お手洗い

3 B

Zhèr yǒu jiǎozi ma?
这儿 有 饺子 吗？

kělè
可乐

Běijīng kǎoyā
北京 烤鸭

Méiyǒu, zhǐyǒu miàntiáo.
没有，只有 面条。

píjiǔ
啤酒

shuànyángròu
涮羊肉

这儿 zhèr 代 ここ
有 yǒu 動 いる、ある
饺子 jiǎozi 名 ギョーザ
北京烤鸭 Běijīng kǎoyā 名 北京ダック
面条 miàntiáo 名 麺
啤酒 píjiǔ 名 ビール
涮羊肉 shuàn yángròu 名 (羊の)しゃぶしゃぶ

文法

B 存在をあらわす "有"

場所＋"有"＋人／モノ　「〔場所〕には〔人〕がいる」「〔場所〕には〔モノ〕がある」

Zhèr yǒu jiǎozi. 这儿 有 饺子。	Jiā li yǒu rén. 家 里 有 人。
Zhèr méiyǒu jiǎozi. 这儿 没有 饺子。	Jiā li méiyǒu rén. 家 里 没有 人。
Zhèr yǒu jiǎozi ma? 这儿 有 饺子 吗？	Jiā li yǒu rén ma? 家 里 有 人 吗？
Zhèr yǒu méiyǒu jiǎozi? 这儿 有 没有 饺子？	Jiā li yǒu méiyǒu rén? 家 里 有 没有 人？

練習02

（　）に "有" か "在" を入れましょう。

Chēzhàn　　　　nàr.
①车站（　　）那儿。

Nàr　　　　yínháng.
②那儿（　　）银行。

Nàr　　　　bāozi.
③那儿（　　）包子。

Shūbāo　　　　zhuōzi shang.
④书包（　　）桌子 上。

Dòngwùyuán　　　　dàxiàng.
⑤动物园（　　）大象。

Fànguǎn　　　　xuéxiào wàibianr.
⑥饭馆（　　）学校 外边儿。

银行：銀行
动物园：動物園
大象：象
饭馆：飲食店

4

Nǐ xǐhuan zuò shénme?
你 喜欢 做 什么？

Wǒ xǐhuan zuòcài.
我 喜欢 做菜。

shàngwǎng
上 网

tī zúqiú
踢 足球

kàn xiǎoshuō
看 小说

tīng yīnyuè
听 音乐

做菜 zuò//cài 動 料理をする
上网 shàng//wǎng 動 インターネットをする
踢 tī 動 蹴る
足球 zúqiú 名 サッカー
踢足球 tī zúqiú サッカーをする
小说 xiǎoshuō 名 小説

C 動詞 "喜欢"

"喜欢" ＋動詞＋目的語　　「～するのが好き」

Wǒ xǐhuan chī Zhōngguócài.
我 喜欢 吃 中国菜。

Wǒ bù xǐhuan zuò cài.
我 不 喜欢 做 菜。

Nǐ xǐhuan chī Zhōngguócài ma?
你 喜欢 吃 中国菜 吗？

Xǐhuan. Bù xǐhuan.
——喜欢。／不 喜欢。

Nǐ xǐhuan zuò shénme?
你 喜欢 做 什么？

Wǒ xǐhuan chàng kǎlā OK.
——我 喜欢 唱 卡拉 OK。

唱卡拉 OK：カラオケで歌う

練習03

①～⑤のことを「するのが好きだ」と、中国語で言ってみましょう。

① ギョーザを食べる　_____

② コーラを飲む　_____

③ 読書をする（本を読む）　_____

④ 映画鑑賞をする（映画を見る）　_____
　　　　　　　　　　　　　　　　映画：电影 diànyǐng

⑤ 中国語を勉強する　_____

文法 第五课

5
CD

Nǐ hē kāfēi háishi hē hóngchá?
你 喝 咖啡 还是 喝 红茶？

| xǐhuan xióngmāo | xǐhuan dàxiàng |
| 喜欢 熊猫 | 喜欢 大象 |

| xǐhuan chī Zhōngguócài | xǐhuan chī Rìběncài |
| 喜欢 吃 中国菜 | 喜欢 吃 日本菜 |

Wǒ hē hóngchá.
我 喝 红茶。

xǐhuan dàxiàng
喜欢 大象

xǐhuan chī Zhōngguócài
喜欢 吃 中国菜

红茶 hóngchá 名 紅茶
熊猫 xióngmāo 名 パンダ
大象 dàxiàng 名 象
中国菜 Zhōngguócài 名 中華料理
日本菜 Rìběncài 名 日本料理

文法

D 選択疑問文 " 还是 "

A " 还是 " B ？　　「A それとも B ？」

＊文末には " 吗 " をつけない。

AかBのどちらかを選ぶよう提示する。

Nǐ qù háishi tā qù?　　Wǒ qù.
你 去 还是 她 去？ ―― 我 去。

Zánmen tī zúqiú háishi dǎ pīngpāngqiú?　　Zánmen tī zúqiú ba.
咱们 踢 足球 还是 打 乒乓球？ ―― 咱们 踢 足球 吧。

打乒乓球：卓球をする

練習04

次の2つの文を用いて、" 还是 " を使った選択疑問文を作りましょう。

Nǐ lái.　　Tā lái.
①你 来。／他 来。　　＿＿＿＿＿＿＿＿＿＿

Nǐ yào zhège shǒujī.　　Nǐ yào nàge shǒujī.
②你 要 这个 手机。／你 要 那个 手机。　　＿＿＿＿＿＿＿＿＿＿

Nǐmen chī fàn.　　Nǐmen mǎi dōngxi.
③你们 吃 饭。／你们 买 东西。　　＿＿＿＿＿＿＿＿＿＿

Tā xǐhuan chī kǎoyā.　　Tā xǐhuan chī shuàn yángròu.
④他 喜欢 吃 烤鸭。／他 喜欢 吃 涮 羊肉。　　＿＿＿＿＿＿＿＿＿＿

Tā shì lǎoshī.　　Tā shì liúxuéshēng.
⑤他 是 老师。／他 是 留学生。　　＿＿＿＿＿＿＿＿＿＿

書き順をなぞって、簡体字の書き方を覚えましょう。

图	丨	冂	冂	冈	图	图	图	图		图
馆	ノ	ク	饣	饣	饣	伫	饤	馆	馆	馆
烤	丶	ソ	火	火	火	炒	烤	烤	烤	烤
鸭	丨	冂	日	甲	甲'	甲ㄣ	甲ㄣ	鸭	鸭	鸭

【単語練習】習った単語の簡体字とピンインを書き入れましょう。

日本語	簡体字	ピンイン
動物園		
カラオケで歌う		
銀行		
卓球をする		
会社		
駅、バス停		
飲食店		
東京		

日本語	簡体字	ピンイン
トイレ、お手洗い		
トイレ、便所		
趣味		
映画		
駅		
どこ？		
あそこ		
ここ		

第六课 Dì liù kè
今天几月几号？ Jīntiān jǐ yuè jǐ hào?

1 A

今天 几月 几号 星期几？
Jīntiān jǐ yuè jǐ hào xīngqī jǐ?

- 明天 Míngtiān
- 昨天 Zuótiān

今天 九月 二十九 号 星期一。
Jīntiān jiǔ yuè èrshijiǔ hào xīngqīyī.

- 明天 Míngtiān / 三十 sānshí / 星期二 xīngqī'èr
- 昨天 Zuótiān / 二十八 èrshibā / 星期天 xīngqītiān

語句	ピンイン	品詞	意味
今天	jīntiān	名	今日
月	yuè	名	月
号	hào	名	日
星期	xīngqī	名	曜日
明天	míngtiān	名	明日
昨天	zuótiān	名	昨日
星期一	xīngqīyī	名	月曜日
星期二	xīngqī'èr	名	火曜日
星期天	xīngqītiān	名	日曜日

文法

A "是"の省略 ——名詞述語文

時間（年月日・時刻）、年齢、価格、天候、出身などの名詞そのものが、"是"がなくても述語になれる。ただし、**否定**の場合は、必ず"**不是**"を使う。

名詞（時間、年齢、価格など）が述語になるので、「名詞述語文」という。

现在（是）两点。
Xiànzài (shì) liǎng diǎn.

这本书（是）多少钱？
Zhè běn shū (shì) duōshao qián?

她不是东京人。
Tā búshì Dōngjīngrén.

今天（是）十月二号星期四。
Jīntiān (shì) shí yuè èr hào xīngqīsì.

今天（是）晴天。
Jīntiān (shì) qíngtiān.   晴天：晴天

今天不是三十号，是三十一号。
Jīntiān búshì sānshí hào, shì sānshiyī hào.

練習01
次の文を日本語に訳しましょう。また、否定文にしましょう。

① 今天十八号。 Jīntiān shíbā hào.　　＿＿＿＿＿＿＿＿　＿＿＿＿＿＿＿＿

② 现在两点半。 Xiànzài liǎng diǎn bàn.　　＿＿＿＿＿＿＿＿　＿＿＿＿＿＿＿＿

③ 这件衣服两千日元。 Zhè jiàn yīfu liǎngqiān rìyuán.　　＿＿＿＿＿＿＿＿　＿＿＿＿＿＿＿＿

④ 今年二〇二三年。 Jīnnián èr líng èr sān nián.　　＿＿＿＿＿＿＿＿　＿＿＿＿＿＿＿＿

今年：今年

＊「年」は、つぶ読みをする。

A "是"の省略——名詞述語文　B 疑問をあらわす"多"
C 年齢のたずね方・言い方　D 文末の"了"
【時をあらわす語——時点（1）】

2 B

Nǐ de gèzi yǒu duō gāo?
你 的 个子 有 多 高？
　　　　行李　　　　重

Wǒ de gèzi yǒu yì mǐ qīwǔ.
我 的 个子 有 一 米 七五。
　　　　行李　　　　二十 公斤

个子 gèzi 名 背、身長
多 duō 疑 どのくらい？
高 gāo 形 (高さが)高い
行李 xíngli 名 荷物
重 zhòng 形 重い
米 mǐ 量 メートル
公斤 gōngjīn 量 キログラム

B 疑問をあらわす"多"

"多"＋形容詞　「どのくらい～（形容詞）？」——数量・程度を尋ねる

duō gāo?　Nǐ de gèzi yǒu duō gāo?　　　Wǒ de gèzi yǒu yì mǐ liù.
多 高？：你 [的 个子] (有) 多 高？——我 [的 个子] (有) 一 米 六。

duō cháng?　Chángchéng (yǒu) duō cháng?　Xūyào duō cháng shíjiān?
多 长？：长城 (有) 多 长？　　　需要 多 长 时间？

duō zhòng?　Zhè tái diànnǎo yǒu duō zhòng?　Zhè tái méiyǒu yì gōngjīn ba.
多 重？：这 台 电脑 (有) 多 重？——这 台 没有 一 公斤 吧。

＊文末には"吗"をつけない。

长：長い
长城：長城
需要：必要としている
时间：時間
台：～台(機械を数える)
电脑：コンピューター

★「大きさ、長さ、高さ」といった、尺度全体をあらわすのに用いる。形容詞は"大－小""长－短""高－低"など、各ペアにおける前者の語に限られる。

練習02

次の会話が成り立つように、（　）に適切な語を入れましょう。

Gāowěishān yǒu　　　　　Wǔbǎi jiǔshijiǔ mǐ.
①高尾山 有（　　　）？——五百 九十九 米。

Chángjiāng yǒu　　　　　Liùqiān sānbǎi gōnglǐ.
②长江 有（　　　）？——六千 三百 公里。

Nǐ de tǐzhòng yǒu　　　Wǒ liùshíwǔ gōngjīn.
③你 的 体重 有（　　　）？——我 六十五 公斤。

Zhè zhī gǒu yǒu　　　　Yǒu shí gōngjīn ba.
④这 只 狗 有（　　　）？——有 十 公斤 吧。

长江：長江
公里：キロメートル
体重：体重
只：～匹(動物を数える)

3

C

🐼 Nǐ jīnnián duō dà?
你 今年 多 大？

[Nǐ jiějie
你 姐姐]

🐰 Wǒ shíjiǔ suì.
我 十九 岁。

[Tā èrshi'èr
她 二十二]

今年 jīnnián 名 今年
大 dà 形 大きい、年上である
岁 suì 量 ～歳

文法

C 年齢のたずね方・言い方

Nǐ duō dà (le)?   Wǒ èrshí suì (le).
你 多大 （了）？ ——我 二十 岁 （了）。

Tā jǐ suì (le)?   Tā wǔ suì (le).
他 几 岁 （了）？ ——他 五 岁 （了）。

Nín duō dà niánjì (le)?
您 多大 年纪 （了）？ ⎫
                       ⎬ Wǒ liùshiwǔ suì (le).
Nín duō dà suìshu (le)?   我 六十五 岁 （了）。
您 多大 岁数 （了）？ ⎭

Nǐ shǔ shénme?   Wǒ shǔ hǔ.
你 属 什么？ ——我 属 虎。

十二支					
shǔ	niú	hǔ	tù	lóng	shé
鼠	牛	虎	兔	龙	蛇
				（竜）	
mǎ	yáng	hóu	jī	gǒu	zhū
马	羊	猴	鸡	狗	猪
（馬）		（猿）	（鶏）	（犬）	（豚）

年纪：(人の) 年齢
岁数：(人の) 年齢
属：(干支は) ～年です

練習03
次の答えを導く、質問を言いましょう。

① 〔　　　　　　　　〕→我三岁。

② 〔　　　　　　　　〕→我三十五岁。

③ 〔　　　　　　　　〕→我七十岁。

④ 〔　　　　　　　　〕→我属鸡。

4 D

🐼 Gǎnmào hǎo le ma?
感冒 好 了 吗？

| Nǐ 你 | shuìjiào 睡觉 |
| Tā 他 | huí guó 回国 |

🐰 Gǎnmào hái méi (yǒu) hǎo.
感冒 还 没（有）好。

| Wǒ 我 | shuìjiào 睡觉 |
| Tā 他 | huí guó 回国 |

感冒 gǎnmào 名 風邪、感冒
了 le 助 ～なった、～た
睡觉 shuì//jiào 動 寝る、眠る
回 huí 動 帰る、戻る
国 guó 名 ～国
还 hái 副 まだ、依然として
没有 méiyǒu 副 ～していない

D 文末の"了"

文+"了" 「～なった」「～た」

文末に置かれる"了"は、文全体にかかり、「新たな事態の発生・状況の変化」をあらわす。

今まで	今	
Tā bú shì dàxuéshēng. 他 不 是 大学生。	Tā shì dàxuéshēng le. 他 是 大学生 了。	彼は大学生になった。
Wǒ méiyǒu Zhōngguó péngyou. 我 没有 中国 朋友。	Wǒ yǒu Zhōngguó péngyou le. 我 有 中国 朋友 了。	私は中国人の友達ができた。
Wǒ shíjiǔ suì. 我 十九 岁。	Wǒ èrshí suì le. 我 二十 岁 了。	私は二十歳になった。
Yèzi bù hóng. 叶子 不 红。	Yèzi hóng le. 叶子 红 了。	葉っぱが赤くなった。
Wǒ bù shūfu. 我 不 舒服。	Wǒ hǎo le. 我 好 了。	私は良くなった。

了 (＝変化した)

大学生：大学生
叶子：葉っぱ
红：赤い

ある状態の変化が確定、実現したことを示す表現：

已经＋動詞（＋目的語）＋了 「すでに／もう～した」

Tā yǐjīng yǒu nǚpéngyou le.
他 已经 有 女朋友 了。

Gǎnmào yǐjīng hǎo le.
感冒 已经 好 了。

女朋友：ガールフレンド

文法

● **否定文** "没(有)"＋動詞／形容詞　「～ていない」「～なかった」

Wǒ méi (yǒu) chīfàn.
我 没（有）吃饭。

Gǎnmào méi (yǒu) hǎo.
感冒 没（有）好。

＊"没有"を用いる（"不"は用いない）。
＊"了"をつけない。

● **"吗"の疑問文**　「～たか？」

Nǐ chīfàn le ma?
你 吃饭 了 吗？

Gǎnmào hǎo le ma?
感冒 好 了 吗？

★ "还没（有）"の"还"の役割："没吃饭"には「食べていない」と「食べなかった」という二つの意味があり、時間や場面で判断される。前者の意味を明確にするには、"还"を用いて、"还没吃饭"（まだ食べていない）とする。

● **反復疑問文**　「～たか？」

Nǐ chīfàn le méiyǒu?
你 吃饭 了 没有？

Gǎnmào hǎo le méiyǒu?
感冒 好 了 没有？

練習04
次の文を否定文にし、日本語に訳しましょう。

① Wǒ hěn hǎo.
我 很 好。　＿＿＿＿＿＿＿＿　＿＿＿＿＿＿＿＿

Wǒ hǎo le.
我 好 了。　＿＿＿＿＿＿＿＿　＿＿＿＿＿＿＿＿

② Yèzi hěn hóng.
叶子 很 红。　＿＿＿＿＿＿＿＿　＿＿＿＿＿＿＿＿

Yèzi hóng le.
叶子 红 了。　＿＿＿＿＿＿＿＿　＿＿＿＿＿＿＿＿

③ Tā lái Rìběn.
她 来 日本。　＿＿＿＿＿＿＿＿　＿＿＿＿＿＿＿＿

Tā lái Rìběn le.
她 来 日本 了。　＿＿＿＿＿＿＿＿　＿＿＿＿＿＿＿＿

練習05
中国語に訳しましょう。

① 彼は太りました。　＿＿＿＿＿＿＿＿＿＿＿＿＿＿＿　太っている：胖 pàng

② 彼女は高校生になりました。　＿＿＿＿＿＿＿＿＿　高校生：高中生 gāozhōngshēng

③ もう12時になりました。　＿＿＿＿＿＿＿＿＿＿＿

④ 私はまだミネラルウォーターを買っていません。　＿＿＿＿＿＿＿＿＿＿＿

【時をあらわす語──時点（1）】

年 何年？	nǎ yī nián? 哪（一）年？	yī jiǔ jiǔ jiǔ nián 一九九九 年	èr línglíngling nián 二〇〇〇 年	……	èr líng yī liù nián 二〇一六 年	èr líng yī qī nián 二〇一七 年
月 何月？	jǐ yuè (fèn)? 几月（份）？	yī yuè fèn 一 月（份）	èr yuè fèn 二 月（份）	sān yuè fèn 三 月（份）……	shíyī yuè fèn 十一 月（份）	shí'èr yuè fèn 十二 月（份）
日 何日？	jǐ hào? 几 号？	yī hào / èr hào / sān hào / sì hào 一号／二号／三号／四号	……	shíyī hào 十一号	…… èrshiyī hào 二十一号	…… sānshiyī hào 三十一号
曜日 何曜日？	xīngqī jǐ? 星期 几？	xīngqīyī xīngqī'èr xīngqīsān xīngqīsì xīngqīwǔ xīngqīliù xīngqītiān rì 星期一／星期二／星期三／星期四／星期五／星期六／星期天（日） 月　　　火　　　水　　　木　　　金　　　土　　　日				

＊「年」は、つぶ読みをする。

【単語練習】習った語の簡体字とピンインを書き入れましょう。

日本語	簡体字	ピンイン
晴天		
必要としている		
長い		
長城		
長江		
キロメートル		
時間		
体重		
2匹の犬		
コンピューター1台		

日本語	簡体字	ピンイン
（人の）年齢		
（人の）年齢		
（干支は）〜年です		
ガールフレンド・		
葉っぱ		
赤い		
高校生		
すでに〜した		
太っている		
誕生日おめでとう		

第七课 你在哪儿打工？
Dì qī kè　Nǐ zài nǎr dǎgōng?

1 A

Nǐ chī shénme le?
你 吃 什么 了？

| mǎi 买 |
| kàn 看 |

Wǒ chīle yì wǎn miàntiáo.
我 吃了 一 碗 面条。

| mǎi 买 | liǎng kuài 两 块 | shǒubiǎo 手表 |
| kàn 看 | yí bù 一 部 | Měiguó diànyǐng 美国 电影 |

語句
- 了 le 助 〜した
- 碗 wǎn 量 〜碗、〜杯
- 块 kuài 量 〜個、〜切れ（塊状や片状のものを数える）
- 手表 shǒubiǎo 名 腕時計
- 部 bù 量 〜本（書籍・映画フィルムなどを数える）
- 美国 Měiguó 固 アメリカ
- 电影 diànyǐng 名 映画

文法

A 動詞につく"了"

動作、状態の実現・完了をあらわす。**数量表現などが目的語を修飾するときは、"了"は動詞の後ろに付く。**

動詞＋"了"＋数量表現などの修飾語＋目的語　「〜した」

Wǒ kànle sān běn shū.
我 看了 三 本 书。

Wǒ chīle liǎng ge miànbāo.
我 吃了 两 个 面包。

Tā qùle hěn duō dìfang.
他 去了 很 多 地方。

Wǒmen mǎile nà kuài shǒubiǎo.
我们 买了 那 块 手表。

面包：パン
多：多い、たくさん
地方：場所

＊目的語に修飾語がつかない場合、
"了"は文末につくことが多い。
【例】我看书了。我吃面包了。

● **否定文**　"没（有）"＋動詞（＋目的語）　「〜していない」「〜しなかった」

❶ "没有"を用い、"不"は用いない。
❷ "了"をつけない。

Wǒ méi(yǒu) kàn sān běn shū.
我 没(有) 看 三 本 书。

Wǒmen méi(yǒu) mǎi nà kuài shǒubiǎo.
我们 没(有) 买 那 块 手表。

● **"吗"の疑問文**　「〜したか？」

Nǐ kànle sān běn shū ma?
你 看了 三 本 书 吗？

文法 第七課

A 動詞につく"了"　B 介詞"在"
C 介詞"从A（到B）"と"A离B"　D 二重目的語をとる動詞
E 時をあらわす語の位置　【時をあらわす語——時点(2)】

2
A

Nǐ shàngle jǐ jié kè?
你 上了 几 节 课？

| diǎn 点 | jǐ ge cài 几个菜 |
| mǎi 买 | duōshao běn shū 多少 本 书 |

Wǒ shàngle sì jié kè.
我 上了 四 节 课。

| diǎn 点 | bā ge cài 八个菜 |
| mǎi 买 | shí běn shū 十 本 书 |

点 diǎn 動 指定する、注文する
点菜 diǎn//cài 動 料理を注文する

● 反復疑問文「〜したか？」

Nǐ kànle nà běn shū méiyǒu?　　Nǐ kàn méi kàn nà běn shū?
你 看了 那 本 书 没有？　　你 看 没 看 那 本 书？

文が完結せずに、後にまだ続くことを示す表現：

動詞＋"了"（＋目的語），（就）…　「〜したら、…する」

Zánmen chīle fàn, huí jiā ba.
咱们 吃了 饭, 回 家 吧。

Wǒ xiàle kè, jiù qù túshūguǎn.
我 下了 课, 就 去 图书馆。

下课：授業が終わる

＊"就"（時間副詞）は、「（〜したら）すぐ…」の意味をもち、二つの動作〔ここでは"吃"と"回"〕が引き続いて行われることをあらわす。
＊"吃饭""下课"は離合詞。動詞は"吃"と"下"。
＊離合詞については、「文法ノート3 離合詞」参照のこと。

練習01

次の文に"了"を入れて言いましょう。

Wǒ hē sì píng kělè.
① 我 喝 四 瓶 可乐。

Tā kàn yì běn Zhōngwén zázhì.
② 她 看 一 本 中文 杂志。　　中文：中国語

Wǒ mǎi liǎng zhāng fēijīpiào.
③ 我 买 两 张 飞机票。　　飞机：飛行機

Tā kàn hěn duō dōngxi.
④ 她 看 很 多 东西。

3 B

Nǐ zài nǎr dǎgōng?
你 在 哪儿 打工？

shàngxué
上学

dúshū
读书

Wǒ zài kuàicāntīng dǎgōng.
我 在 快餐厅 打工。

Dōngyáng dàxué　shàngxué
东阳 大学　　上学

Dōngyáng dàxué　dúshū
东阳 大学　　读书

在 zài 介 ～で、～に
打工 dǎ//gōng 動 アルバイトをする
上学 shàng//xué 動 学校に通う、登校する
读书 dú//shū 動 勉強する
快餐厅 kuàicāntīng 名 ファーストフード店

文法

B 介詞"在"

「介詞」jiècí（かいし）：主に名詞（フレーズ）、代名詞の前に置き、場所・時間・対象・目的などを示す語をいう（「前置詞」ともよばれる）。介詞フレーズは英語の前置詞と異なり、**動詞の前**におかれる。

"在"＋場所＋動詞　「〔場所〕で～する」

"在"は動作・行為の行われる**場所**を導く「介詞」である。

*この時の"在"は動詞の「いる・ある」が弱化したもので、動詞ではない。

Wǒ zài shítáng chī wǔfàn.
我 在 食堂 吃 午饭。

Wǒ chángcháng zài kāfēitīng xuéxí.
我 常常 在 咖啡厅 学习。

Tā bú zài chāoshì gōngzuò, zài biànlìdiàn gōngzuò.
他 不 在 超市 工作，在 便利店 工作。

食堂：食堂
午饭：昼食
常常：よく、しばしば
咖啡厅：喫茶店
超市：スーパーマーケット
工作：働く
便利店：コンビニ

練習02

次の質問に①～④を使って答え、その答えを日本語に訳しましょう。

Nǐ zài nǎr dǎgōng?
你 在 哪儿 打工？

zhōngcāntīng
①中餐厅 ＿＿＿＿＿＿＿＿＿＿＿＿＿＿＿＿＿＿＿＿＿

中餐厅：中華料理店

kuàicāntīng
②快餐厅 ＿＿＿＿＿＿＿＿＿＿＿＿＿＿＿＿＿＿＿＿＿

biànlìdiàn
③便利店 ＿＿＿＿＿＿＿＿＿＿＿＿＿＿＿＿＿＿＿＿＿

chāoshì
④超市 ＿＿＿＿＿＿＿＿＿＿＿＿＿＿＿＿＿＿＿＿＿

④ C

从你家到学校远吗？ (Cóng nǐ jiā dào xuéxiào yuǎn ma?)
- 这儿 (zhèr)
- 东京站 (Dōngjīng zhàn)

从我家到学校不远，很近。 (Cóng wǒ jiā dào xuéxiào bù yuǎn, hěn jìn.)
- 这儿 (zhèr)
- 东京站 (Dōngjīng zhàn)

从 cóng 介 〜から
到 dào 介 〜まで、〜へ
东京站 Dōngjīng zhàn 東京駅
远 yuǎn 形 遠い
近 jìn 形 近い

C 介詞 "从 A（到 B）" と "A 离 B"

〔1〕 "从 A（到 B）" ＋動詞／形容詞　「Aから（Bまで）」

"从 A"（Aから）：「起点」を示す。しばしば "到 B"（Bまで）の「終点」と用いる。

从你家到车站有多远？ (Cóng nǐ jiā dào chēzhàn yǒu duō yuǎn?)

她从早上九点到下午五点工作。 (Tā cóng zǎoshang jiǔ diǎn dào xiàwǔ wǔ diǎn gōngzuò.)

从你家到学校要多长时间？ (Cóng nǐ jiā dào xuéxiào yào duō cháng shíjiān?)

明天他从大阪来东京。 (Míngtiān tā cóng Dàbǎn lái Dōngjīng.)

要：要する、かかる

〔2〕 "A 离 B" ＋動詞／形容詞　「AはBから」「AはBまで」

"A 离 B"：「2点間の隔たり」に用いる。基点を「B」にとり、「Bから」あるいは「Bまで」の隔たりをあらわす。

东京站离这儿远吗？ (Dōngjīng zhàn lí zhèr yuǎn ma?)

（现在）离新年只有一个月了。 (xiànzài Lí xīnnián zhǐ yǒu yí ge yuè le.)

你家离学校有多远？ (Nǐ jiā lí xuéxiào yǒu duō yuǎn?)

新年：新年
一个月：1ヶ月

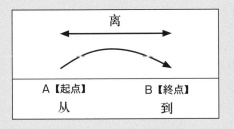

A【起点】　B【終点】
从　　　　到
离

＊2点間の隔たりをあらわすとき、"从" は "到" が必要だが、"离" はこれだけでよい。

＊"从" は動作表現にも用いられるが、"离" は用いられない。 × 明天他离大阪来东京。

5 C

(xiànzài) Lí kǎoshì hái yǒu duō cháng shíjiān?
（现在）离 考试 还 有 多 长 时间？
　　　　　　　　hánjià
　　　　　　　　寒假

(xiànzài) Lí kǎoshì hái yǒu liǎng ge xīngqī.
（现在）离 考试 还 有 两 个 星期。
　　　　　　　　hánjià　　　　　sān ge yuè
　　　　　　　　寒假　　　　　三 个 月

离 lí 介 ～から、～まで
考试 kǎoshì 名 試験、テスト
多长时间 duō cháng shíjiān
　　　 名 どのくらい(の時間)?
寒假 hánjià 名 冬休み
两个星期 liǎng ge xīngqī 名 2週間
＊星期 xīngqī 名 週、週間
三个月 sān ge yuè 名 3ヵ月

文法

練習03

日本語と同じ意味になるように、次の語を並べ替えましょう。

　　 zhèr yóujú lí jìn hěn
① 这儿 ／ 邮局 ／ 离 ／ 近 ／ 很　　　　＿＿＿＿＿＿＿＿＿＿＿＿＿＿
郵便局はここから近い。

　　 Dōngjīng Shànghǎi dào yuǎn cóng bù
② 东京 ／ 上海 ／ 到 ／ 远 ／ 从 ／ 不　　＿＿＿＿＿＿＿＿＿＿＿＿＿＿
東京から上海まで遠くない。

　　 kǎoshì ge yí yǒu xīngqī lí
③ 考试 ／ 个 ／ 一 ／ 有 ／ 星期 ／ 离　　＿＿＿＿＿＿＿＿＿＿＿＿＿＿
テストまで１週間あります。

　　 Báishān zhàn Dōngyáng dàxué cóng wǔfēnzhōng yào dào
④ 白山 站 ／ 东阳 大学 ／ 从 ／ 五分钟 ／ 要 ／ 到　＿＿＿＿＿＿　白山站：白山駅
白山駅から東陽大学まで５分かかります。

D 二重目的語をとる動詞

動詞の中には、間接目的語（人に）と、直接目的語（モノを）の２つの目的語を、とるものがある。
「人」の目的語を先、「モノ」の目的語を後に並べる。この順序は逆にはできない。

"教"jiāo (教える)，"给"gěi (あげる・くれる)，"问"wèn (尋ねる)，"告诉"gàosu (伝える・知らせる)，"送"sòng (贈る)，
"借"jiè (借りる)，"还"huán (返す)，"卖"mài (売る) など

主語＋動詞＋目的語〔人〕＋目的語〔モノ〕　「〔人〕に〔モノ〕を～する」

Rén lǎoshī jiāo wǒmen Hànyǔ.　　　　　Wǒ gěi péngyou lǐwù.
任 老师 教 我们 汉语。　　　　　　　　我 给 朋友 礼物。

⑥ 你 教 他 英语 了 吗？
Nǐ jiāo tā Yīngyǔ le ma?

- 给 / 爸爸 / 礼物
  gěi / bàba / lǐwù
- 借给 / 小 张 / 雨伞
  jiègěi / Xiǎo Zhāng / yǔsǎn

我 教 他 了。
Wǒ jiāo tā le.

- 给 / 他
  gěi / tā
- 借给 / 她
  jiègěi / tā

教 jiāo 動 教える
英语 Yīngyǔ 名 英語
给 gěi 動 与える、くれる
礼物 lǐwù 名 プレゼント
借给 jiègěi 動 (人)に(モノ)を貸す
雨伞 yǔsǎn 名 傘

我 问 老师 一 个 问题。
Wǒ wèn lǎoshī yí ge wèntí.

你 告诉 我 你 的 手机 号码 吧。
Nǐ gàosu wǒ nǐ de shǒujī hàomǎ ba.

问题：問題
号码：番号

（授与をあらわす）動詞＋"给" ―複合動詞になる―

"送给"，"借给"（貸す），"还给"，"教给"

朋友 送给 我 一 本 中文 书。
Péngyou sònggěi wǒ yì běn Zhōngwén shū.

那 本 书，我 已经 还给 她 了。
Nà běn shū, wǒ yǐjīng huángěi tā le.

请 借给 我 一 支 笔。
Qǐng jiègěi wǒ yì zhī bǐ.

请：どうぞ～して下さい（人に～するように頼む）
支：～本（棒状のものを数える）

練習04

日本語と同じ意味になるように、次の語を並べ替えましょう。

① 你〔朋友／礼物／给／什么〕？　_____
Nǐ péngyou lǐwù gěi shénme
あなたは友達にどんなプレゼントをあげますか？

② 我〔问题／问／一 个／你〕。　_____
Wǒ wèntí wèn yí ge nǐ
私はあなたにひとつ質問をします。

③ 中国 朋友〔汉语／我们／教〕。　_____
Zhōngguó péngyou Hànyǔ wǒmen jiāo
中国人の友達は私達に中国語を教えます。

④ 我〔手机 号码／我 的／你／告诉〕。　_____
Wǒ shǒujī hàomǎ wǒ de nǐ gàosu
私はあなたに私の携帯番号を教えます（知らせます）。

7

E

Nǐ shénme shíhou yǒu shíjiān?
你 什么 时候 有 时间？

Jīntiān wǎnshang yǒu shíjiān.
今天 晚上 有 时间。

Míngtiān zhōngwǔ
明天 中午

Xià ge xīngqīsì
下 个 星期四

什么时候 shénme shíhou　いつ？
时间 shíjiān　名 時間
下个星期四 xià ge xīngqīsì　来週の木曜日

文法

E 時をあらわす語の位置

時をあらわす語は、動詞や形容詞の前に置く。主語の前にも、置くことができる。

Jīntiān wǎnshang nǐ yǒu shìr ma?　　Zuótiān xiàwǔ nǐ lái xuéxiào le ma?
今天 晚上 你 有 事儿 吗？　　昨天 下午 你 来 学校 了 吗？

有事儿：用事がある

Nǐ xīngqījǐ yǒu hànyǔ kè?　　Wǒ xīngqīliù yǒu Hànyǔ kè.
你 星期几 有 汉语 课？　——我 星期六 有 汉语 课。

Nǐ shénme shíhou zài jiā?　　Zhège xīngqīliù wǒ zài jiā.
你 什么 时候 在 家？　——这个 星期六 我 在 家。

这个星期六：今週の土曜日

練習05

次の①〜③文に"什么 时候"を入れて質問し、㋐〜㋒の言葉を入れて答えましょう。

Nǐ qù Zhōngguó.
①你 去 中国。　　㋐明天　㋑明年　㋒下个星期

Nǐ yǒu kòngr.
②你 有 空儿。　　㋐今天　㋑下个月　㋒下下个星期

Tā sònggěi bàba shēngrì lǐwù.　　　　　　měinián
③她 送给 爸爸 生日 礼物。　㋐后天　㋑每年　㋒这个星期五

空儿：ひま（な時間）
每年：毎年

【時をあらわす語――時点（2）】

日	nǎ tiān nǎ yì tiān 哪天(哪一天)	dàqiántiān 大前天	qiántiān 前天	zuótiān 昨天	jīntiān 今天	míngtiān 明天	hòutiān 后天	dàhòutiān 大后天
	どの日・いつ	さきおととい	おととい	昨日	今日	明日	あさって	しあさって
年	nǎ nián nǎ yì nián 哪年(哪一年)	dàqiánnián 大前年	qiánnián 前年	qùnián 去年	jīnnián 今年	míngnián 明年	hòunián 后年	dàhòunián 大后年
	どの年・いつ	さきおととし	おととし	昨年	今年	来年	再来年	明々後年

月	nǎ ge yuè 哪(个)月	shàngshàng ge yuè 上上(个)月	shàng ge yuè 上(个)月	zhè ge yuè 这(个)月	xià ge yuè 下(个)月	xiàxià ge yuè 下下(个)月
	どの月・いつ	先々月	先月	今月	来月	再来月
週	nǎ ge xīngqī 哪(个)星期	shàngshàng ge xīngqī 上上(个)星期	shàng ge xīngqī 上(个)星期	zhè ge xīngqī 这(个)星期	xià ge xīngqī 下(个)星期	xiàxià ge xīngqī 下下(个)星期
	どの週・いつ	先々週	先週	今週	来週	再来週

＊上上(个)月を**大上(个)月**、下下(个)月を**大下(个)月**、上上(个)星期を**大上(个)星期**、下下(个)星期を**大下(个)星期**とも言う。

【単語練習】習った語の簡体字とピンインを書き入れましょう。

日本語	簡体字	ピンイン
場所		
働く		
ペン１本		
喫茶店、カフェ		
コンビニ		
スーパーマーケット		
中華料理店		
食堂		
多い、たくさん		
昼食		
中国語		
商店		
映画館		

日本語	簡体字	ピンイン
パン		
飛行機		
問題		
新年		
毎年		
ひま		
用事がある		
要する、かかる		
よく、しばしば		
ケーキ		
～に興味がある		
どうか～して下さい		
今晩		

第八课 Nǐ qùguo Běijīng ma? 你去过北京吗?

1 A

Nǐ qùguo Běijīng ma?
你 去过 北京 吗?
- kàn 看 / Jīngjù 京剧
- tīng 听 / zhè shǒu gēr 这 首 歌儿

Wǒ méi (yǒu) qùguo.
我 没(有) 去过。
- kàn 看
- tīng 听

过 guo 助 〜したことがある
京剧 Jīngjù 名 京劇
首 shǒu 量 〜首、〜曲（詩や歌を数える）
歌儿 gēr 名 歌

文法

A 経験をあらわす"过"

動詞＋"过"　「〜したことがある」

Wǒ qùguo Zhōngguó.
我 去过 中国。

Wǒ páguo Chángchéng.
我 爬过 长城。

● 否定文　「〜したことがない」

Wǒ méi yǒu qùguo Shànghǎi.
我 没(有) 去过 上海。

Wǒ hái méi páguo Fùshìshān.
我 还 没 爬过 富士山。

"没(有)"を用い、"过"はのこる。

● 疑問文　「〜したことがあるか？」

Nǐ qùguo Shànghǎi ma?
你 去过 上海 吗?

Nǐ páguo Fùshìshān méiyǒu?
你 爬过 富士山 没有?

爬：登る

練習01 次の文に"过"を入れて言いましょう。また、日本語に訳しましょう。

① Nǐ kàn Zhōngguó bàozhǐ ma?
你 看 中国 报纸 吗? ＿＿＿＿＿＿　＿＿＿＿＿＿
报纸：新聞

② Tā qù hěn duō dìfang.
他 去 很 多 地方。 ＿＿＿＿＿＿　＿＿＿＿＿＿

③ Wǒ méi chī shuànyángròu.
我 没 吃 涮羊肉。 ＿＿＿＿＿＿　＿＿＿＿＿＿

A 経験をあらわす"过"　B 時間の長さ・動作の回数をあらわす語の位置（1）――目的語がない場合　C 連動文　D 疑問詞の"怎么"　E 希望や願望をあらわす助動詞"想"と"要"　【時間の長さをあらわす語】

2 AB

Nǐ kànguo Zhōngguó diànyǐng ma?
你 看过 中国 电影 吗？

zuò	fēijī
坐	飞机
huá	xuě
滑	雪

Wǒ kànguo yí cì.
我 看过 一 次。

zuò	liǎng cì
坐	两次
huá	hǎojǐ cì
滑	好几次

飞机　fēijī　名　飛行機
滑　huá　動　滑る
滑雪　huá//xuě　動　スキーをする
次　cì　量　〜回、〜度
好几次　hǎojǐcì　何度も
＊好几　hǎojǐ　数　（量詞などの前に用い、多いことを示す）

B 時間の長さ（時間量）・動作の回数（動作量）をあらわす語の位置（1）――目的語がない場合

動詞＋時間の長さ／動作の回数

〔1〕時間の長さをあらわす語（時間量）

Wǒ zhù yí ge xīngqī.
我 住 一个星期。

Wǒ lái jièshào yíxiàr.
我 来 介绍 一下儿。

Wǒ zài nàr gōngzuòle hǎojǐ nián.
我 在 那儿 工作了 好几 年。

Nǐ xuéle duō cháng shíjiān?
你 学了 多 长 时间？

Wǒmen xiūxi yíhuìr ba.
我们 休息 一会儿 吧。

住：泊まる
来：〜しましょう（積極的な姿勢を示す）
介绍：紹介する
一下儿：ちょっと（〜する）
休息：休む
一会儿：ちょっとの間

〔2〕動作の回数をあらわす語（動作量）

Nǐ qùguo jǐ cì?　　Qùguo liǎng cì.
你 去过 几次？――去过 两次。

Qǐngzài shuō yí biàn.
请 再 说 一 遍。

Zhè běn shū wǒ kànle hǎojǐ biàn.
这本 书，我 看了 好几 遍。

再：再び、もう一度
说：言う、話す
遍：〜回、〜遍（初めから終わりまで通して）

3

🐼 Zánmen qù nǎr mǎi dōngxi?
咱们 去 哪儿 买 东西？

| lǚxíng |
| 旅行 |

| chīfàn |
| 吃饭 |

🐰 Zánmen qù Xīnsù mǎi dōngxi ba.
咱们 去 新宿 买 东西 吧。

| qù Jīngdū | lǚxíng |
| 去 京都 | 旅行 |

| huí jiā | chīfàn |
| 回 家 | 吃饭 |

旅行 lǚxíng 動 旅行する
新宿 Xīnsù 固 新宿
京都 Jīngdū 固 京都

文法

練習02

日本語と同じ意味になるように、次の語を並べ替えましょう。

① xià / děng / yí / qǐng
下 / 等 / 一 / 请　　　　　　　　　　_____　　等：待つ
ちょっと待って下さい。

② biàn / qǐng / yí / zài / dú
遍 / 请 / 一 / 再 / 读　　　　　　　_____　　读：(声を出して) 読む
もう一度読んで下さい。

③ kàn / cì / liǎng / guo / wǒ
看 / 次 / 两 / 过 / 我　　　　　　　_____
私は2回見たことがあります。

④ le / duō cháng / xué / shíjiān / nǐmen
了 / 多 长 / 学 / 时间 / 你们　　　　_____
あなたたちは、どのくらい勉強しましたか？

⑤ ge / xiǎoshí / xué / wǒmen / bā / le / xīngqītiān
个 / 小时 / 学 / 我们 / 八 / 了 / 星期天　_____　小时：〜時間
私たちは、日曜日8時間勉強しました。

C 連動文

主語＋動詞[V₁]（＋目的語）＋動詞[V₂]（＋目的語）

一つの主語に対する述語の中に、動詞（フレーズ）が二つ以上連なった文を、連動文という。
動詞（フレーズ）は動作の行われる順に並べる。

4 C

🐼 Nǐ fā duǎnxìn liánxì ma?
你 发 短信 联系 吗？

dǎ diànhuà	yùdìng
打 电话	预订

yòng Hànyǔ	xiě xìn
用 汉语	写 信

🐰 Hǎo ba. Wǒ fā duǎnxìn liánxì.
好 吧。我 发 短信 联系。

dǎ diànhuà	yùdìng
打 电话	预订

yòng Hànyǔ	xiě xìn
用 汉语	写 信

🎧 发 fā 動 送信する、出す
短信 duǎnxìn 名 ショートメール
联系 liánxì 動 連絡する
打电话 dǎ diànhuà 電話をする
预订 yùdìng 動 予約する
用 yòng 介 ～で
写信 xiě xìn 手紙を書く
好吧 hǎo ba わかりました、いいですよ

---

〔1〕**動作の連続**——［V₁］の後［V₂］が続いておこることをあらわす。「［V₁］して［V₂］する」

Zánmen huí fàndiàn xiūxi ba.
咱们 回 饭店 休息 吧。

Wǒ qù yínháng qǔ kuǎn mǎi diànnǎo.
我 去 银行 取 款 买 电脑。

饭店：ホテル
取款：現金を引き出す

〔2〕**［V₁］が"来""去"の場合**——［V₂］が［V₁］の目的をあらわす 「～するために〔場所〕に来る／行く」

［V₁］の場所がない場合：「～しに来る／行く」
［V₁］の場所がある場合：「〔場所〕に～しに来る／行く」「〔場所〕に来て／行って～する」

Nǐmen lái 〔wǒ jiā〕wánr ba.
你们 来〔我 家〕玩儿 吧。

Wǒ yìbān qù 〔Xīnsù〕mǎi dōngxi.
我 一般 去〔新宿〕买 东西。

玩儿：遊ぶ
一般：普通（である）

Tā chángcháng qù 〔Běijīng〕lǚxíng.
她 常常 去〔北京〕旅行。

＊〔比較〕我去车站坐车。［私は駅に行って車に乗る。］
→ "我坐车去车站。"との違いは？

〔3〕**［V₁］が手段・方法の場合**——［V₁］が［V₂］の手段・方法をあらわす「［V₁］で／て［V₂］する」

Tā zuò chē huí jiā.
他 坐 车 回 家。

Tā zǒulù qù chēzhàn.
他 走路 去 车站。

走路：（人が）歩く

Wǒ měitiān qí zìxíngchē shàngxué.
我 每天 骑 自行车 上学。

Zánmen kāichē qù ba.
咱们 开车 去 吧。

骑：乗る
开车：車を運転する

Nǐ fā yóujiàn liánxì ba.
你 发 邮件 联系 吧。

Zánmen yòng Hànyǔ liáotiānr ba.
咱们 用 汉语 聊天儿 吧。

发邮件：Eメールを送信する
聊天儿：おしゃべりをする

＊"用"は方法・手段をあらわす「介詞」とされるが、連動文の［V₁］として考えると、「～を使って［用～］…する［V₂］」となり理解しやすい。

5

Nǐ měitiān zěnme qù xuéxiào?
你 每天 怎么 去 学校？

| Nǐ bàba 你爸爸 | | gōngsī 公司 |
| Nǐ 你 | | chēzhàn 车站 |

Wǒ zuò dìtiě qù.
我 坐 地铁 去。

| Tā 他 | kāichē 开车 |
| Wǒ 我 | qí zìxíngchē 骑 自行车 |

每天	měitiān	名	毎日
怎么	zěnme	疑	どう？ どのように？
公司	gōngsī	名	会社
地铁	dìtiě	名	地下鉄
开车	kāi//chē	動	車を運転する
骑	qí	動	乗る、またがる

文法

練習03 次の語を正しい文になるように、並べ替えましょう。

① ma / lái / shàngkè / tā
吗 / 来 / 上课 / 他　_____

② lǚxíng / wǒmen / Táiwān / qù
旅行 / 我们 / 台湾 / 去　_____

③ qí / xuéxiào / zìxíngchē / lái / yìbān / wǒ
骑 / 学校 / 自行车 / 来 / 一般 / 我　_____

D 疑問詞の"怎么"

"怎么"＋動詞

〔1〕方法を尋ねる 「どのように～する？」

Zánmen zěnme qù fàndiàn?
咱们 怎么 去 饭店？

Wǒmen zěnme bàn zhè jiàn shì?
我们 怎么 办 这 件 事？

Qù Dōngjīng zhàn zěnme zǒu?
去 东京 站 怎么 走？

Yòng Hànyǔ zěnme shuō?
用 汉语 怎么 说？

怎么办：どうしよう？

＊疑問詞なので、"吗"を使わない。

〔2〕理由・原因を尋ねる 「なぜ／どうして～？」

詰問調となり、動作主への**不満**や、**いぶかる気持ち**を含む。しばしば否定的な表現とともに用いる。

＊純粋に理由や原因を尋ねたいときは"**为什么**"を用いる。

6 E

🐼 Nǐ xiǎng qù nǎr?
你 想 去 哪儿?

　　　zuò shénme
　　　做 什么

　　　chī shénme
　　　吃 什么

🐰 Wǒ xiǎng qù dòngwùyuán.
我 想 去 动物园。

　xiǎng　　qù pǎobù
　想　　　去 跑步

　hěn xiǎng　chī shuǐguǒ hé dàngāo
　很 想　　吃 水果 和 蛋糕

🎧 想 xiǎng 助動 ～したい
动物园 dòngwùyuán 名 動物園
跑步 pǎo//bù 動 ジョギングする
水果 shuǐguǒ 名 果物
蛋糕 dàngāo 名 ケーキ

Nǐ zěnme chídào le?　　　Tā zěnme bù lái shàngkè?
你 怎么 迟到 了?　　　他 怎么 不 来 上课?

Nǐ zěnme bù shuōhuà?
你 怎么 不 说话?

迟到：遅刻する
说话：話をする

練習04
✏️◆次の会話が成り立つように、（　）に"怎么"を使った適切な語を入れましょう。

　Zánmen　　　　　　　chēzhàn?　　Zánmen zuòchē qù ba.
①咱们（　　　　　　）车站?　——咱们 坐车 去 吧。

　　Yòng Hànyǔ　　　　　　　　Yòng Hànyǔ shuō "zhèige", "nèige".
②「えーっと」用 汉语（　　　　　）?　——用 汉语 说 "这个"、"那个"。

　Zhè jiàn shì, nǐ　　　　　　　Wǒ dǎ diànhuà wèn ba.
③这件事，你（　　　　　）?　——我 打 电话 问 吧。

E 希望や願望をあらわす助動詞 "想" と "要"

〔1〕"想"　"想"＋動詞　「～したい」

Wǒ xiǎng hē kělè.　　　　Wǒ xiǎng qù Xiānggǎng.
我 想 喝 可乐。　　　　我 想 去 香港。

香港：ホンコン

Wǒ bù xiǎng hē kělè.　　　Wǒ bù xiǎng qù Xiānggǎng.
我 不 想 喝 可乐。　　　我 不 想 去 香港。

＊"不"は"想"の前におく。

Nǐ xiǎng hē kělè ma?　　　Nǐ xiǎng bu xiǎng qù Xiānggǎng lǚxíng?
你 想 喝 可乐 吗?　　　你 想 不 想 去 香港 旅行?

　(hěn) Xiǎng hē.　Bù xiǎng hē.　　(hěn) Xiǎng qù.　Bù xiǎng qù.
——（很）想 喝。／不 想 喝。　——（很）想 去。／不 想 去。

＊"想"には"很"をつけることができる。この時"很"は「とても」という意味をもつ。

7
E

Nǐ yào chàng shénme?
你 要 唱 什么？

zuò	shénme
做	什么

zhù	jǐ tiān
住	几天

Wǒ yào chàng yì shǒu Zhōngguó gēr.
我 要 唱 一 首 中国 歌儿。

fùxí	gōngkè
复习	功课

zhù	liǎng tiān
住	两 天

要 yào 助動 〜したい、〜するつもりだ
唱 chàng 動 歌う
住 zhù 動 泊まる、住む
天 tiān 量 〜日間
复习 fùxí 動 復習する
功课 gōngkè 名 授業、宿題

文法

〔2〕"要"　"要"＋動詞　「〜したい」「〜するつもりだ」

"想"よりも、明確な意志をあらわす。

Wǒ yào dāng lǎoshī.
我 要 当 老师。

Nǐ yào mǎi shénme?
你 要 买 什么？

当：〜になる

Nǐ yào mǎi diànzǐ cídiǎn ma?
你 要 买 电子 词典 吗？

Jiānglái nǐ yào zuò shénme?
将来 你 要 做 什么？

电子词典：電子辞書
将来：将来

Nǐ yào bu yào qù Zhōngguó liúxué?
你 要 不 要 去 中国 留学？

——Yào qù. Bù xiǎng qù.
——要 去。／不 想 去。

留学：留学する
将来：将来

*　否定形　"不想"（「〜したくない」）であらわす。
Wǒ bù xiǎng shuōhuà.　　bú yào shuōhuà
我 不 想 说话。（× 不 要 说话）

★ "不要"は禁止の意味（「〜してはいけない」）を表し、「〜したくない」という意味にはならない。

練習05

中国語に訳しましょう。

①私は餃子を作りたい。　_____

②私はスキーをしたくない。　_____

③将来私は中学校の先生になりたい。　中学校：初中 chūzhōng

④ 私は中国人の友達をつくりたい。　（友達を）つくる：交 jiāo

関連単語

交通工具 jiāotōng gōngjù：交通手段

坐 zuò：（座って）乗る
- 出租车 chūzūchē タクシー
- 火车 huǒchē 列車
- 飞机 fēijī 飛行機
- 地铁 dìtiě 地下鉄
- 电车 diànchē 電車
- 公共汽车 gōnggòng qìchē ／巴士 bāshì バス
- (汽)车 (qì)chē 車

骑 qí：（またいで）乗る
- 摩托车 mótuōchē バイク
- 自行车 zìxíngchē 自転車

开 kāi：運転する
- (汽)车 (qì)chē 車

【時間の長さをあらわす語】

fēnzhōng ~分钟	~分間	jǐ fēnzhōng? 几 分钟？	yì fēnzhōng 一 分钟	liǎng fēnzhōng 两 分钟	bàn fēnzhōng 半 分钟	——
(ge) xiǎoshí ~(个) 小时	~時間	jǐ ge xiǎoshí? 几 个 小时？	yí ge xiǎoshí 一 个 小时	liǎng ge xiǎoshí 两 个 小时	bàn ge xiǎoshí 半 个 小时	sān ge bàn xiǎoshí 三 个 半 小时
tiān ~天	~日間	jǐ tiān? 几 天？	yì tiān 一 天	liǎng tiān 两 天	bàntiān 半天	sān tiān bàn 三 天 半
ge xīngqī ~个 星期	~週間	jǐ ge xīngqī? 几 个 星期？	yí ge xīngqī 一 个 星期	liǎng ge xīngqī 两 个 星期	——	
ge yuè ~个 月	~ヶ月	jǐ ge yuè? 几 个 月？	yí ge yuè 一 个 月	liǎng ge yuè 两 个 月	bàn ge yuè 半 个 月	sān ge bàn yuè 三 个 半 月
nián ~年	~年間	jǐ nián? 几 年？	yì nián 一 年	liǎng nián 两 年	bàn nián 半 年	sān nián bàn 三 年 半

 【単語練習】習った語の簡体字とピンインを書き入れよう。

日本語	簡体字	ピンイン
新聞		
普通（である）		
おしゃべりをする		
紹介する		
遅刻する		
ホテル		

日本語	簡体字	ピンイン
登る		
話をする		
将来		
E メールを送信する		
友達をつくる		
声を出して読む		

第九课 你会说汉语吗？
Dì jiǔ kè　Nǐ huì shuō Hànyǔ ma?

1 A

Nǐ huì shuō Hànyǔ ma?
你 会 说 汉语 吗？

kāichē
开车

yóuyǒng
游泳

Wǒ bú tài huì.
我 不 太 会。

bú huì
不 会

huì yìdiǎnr
会 一点儿

会 huì 〔助動〕～できる
说 shuō 〔動〕話す、言う
游泳 yóu//yǒng 〔動〕泳ぐ
一点儿 yìdiǎnr 〔数量〕ちょっと、少し

文法

A 「デキル」助動詞 "会""能""可以"

〔1〕"会"　"会"＋動詞

技術を**習得**して「できる」

Wǒ huì shuō Hànyǔ.
我 会 说 汉语。

Wǒ bú huì shuō Hànyǔ.
我 不 会 说 汉语。

Nǐ huì shuō Hànyǔ ma?
你 会 说 汉语 吗？

　　Huì.　Bú huì.
　——会。／不 会。

Tā huì yóuyǒng.
他 会 游泳。

Tā bú huì yóuyǒng.
他 不 会 游泳。

Nǐ huì bu huì yóuyǒng?
你 会 不 会 游泳？

　　Huì.　Bú huì.
　——会。／不 会。

＊動詞としての「できる」という用法もある。

Tā huì Hànyǔ hé Yīngyǔ, bú huì Rìyǔ.
他 会 汉语 和 英语，不 会 日语。

Tāmen huì Rìyǔ ma?
他们 会 日语 吗？

Tāmen huì bu huì Rìyǔ?
他们 会 不 会 日语？　　日语：日本語

〔2〕"能"　"能"＋動詞

❶**能力**が備わっていて「できる」

Tā néng kàn Zhōngwén xiǎoshuō.
她 能 看 中文 小说。

Nǐ néng yóu duōshao mǐ?
你 能 游 多少 米？

Wǒ néng yóu yìqiān mǐ.
——我 能 游 一千 米。

＊内容の理解に関わること、または到達度や効率（数値化される）を言いあらわすときは"能"を使う。

游：泳ぐ

A 「デキル」助動詞 "会" "能" "可以"　B 介詞 "给" と "跟"
C 方向補語（1）　D 動詞の重ね型

文法 第九課

2 A

🐼 Zhèr néng bu néng huàn qián?
这儿 能 不 能 换 钱？

yòng xìnyòngkǎ
用 信用卡

zhàoxiàng
照相

🐰 Duìbuqǐ, zhèr bù néng huàn.
对不起，这儿 不 能 换。

yòng
用

zhào
照

能 néng [助動] ～できる
换钱 huàn//qián [動] 両替する
用 yòng [動] 使う、用いる
信用卡 xìnyòngkǎ [名] クレジットカード
照相 zhào//xiàng [動] 写真を撮る
对不起 duìbuqǐ すみません
换 huàn [動] 替える
照 zhào [動] （写真を）撮る、写す

❷ 条件が整っていて「できる」

Míngtiān nǐ néng lái ma?　　　Wǒ néng lái.
明天 你 能 来 吗？　　　　　我 能 来。

Míngtiān wǒ yǒu shìr, bù néng lái.　　Nǐ hē jiǔ le, bù néng kāichē.
明天 我 有 事儿，**不 能** 来。　　你 喝 酒 了，**不 能** 开车。

＊条件や許可をあらわす文の中には、"能"と"可以"のどちらも用いるものもある。
→「文法ノート 5」参照。

〔3〕"可以"　"可以" ＋動詞　「(～するのに) 差し支えない」

許可されて「できる」「～してよい」

Nǐ xiànzài kěyǐ zǒu le.　　　Zhèr bù kěyǐ zhàoxiàng.
你 现在 **可以** 走 了。　　　这儿 **不 可以** 照相。

Zhèr kěyǐ zhàoxiàng ma?　　Kěyǐ. Bùxíng.
这儿 **可以** 照相 吗？　——**可以**。／**不行**。
不行：だめ、いけない

★ "不可以" も "不能" も禁止の意味をあらわすが、"不能" の方がより一般的である。どちらも「～してはいけない」と訳すが、"不可以" の方が強いニュアンスになる。

Túshūguǎn lǐ [bù kěyǐ / bù néng] chī dōngxi.
图书馆 里 [不 可以／不 能] 吃 东西。

★ 否定文では "不可以" を使うが、単独で否定の答えをするとき、多くは "不行" を使う。

練習01

✏️ (　　) に適切な「デキル」助動詞を入れましょう。

① Nǐ shíjiǔ suì, bù (　　) hē jiǔ.
你 十九 岁，不（　　）喝 酒。

② Nǐ (　　) yóuyǒng ma?
你（　　）游泳 吗？

③ Zhèr (　　) dǎ shǒujī ma?
这儿（　　）打 手机 吗？

④ Nǐ (　　) chōuyān ma?
你（　　）抽烟 吗？

抽烟：タバコを吸う

③ B

Wǎnshang nǐ gēn wǒmen yìqǐ chīfàn ba.
晚上 你 跟 我们 一起 吃饭 吧。
　　　　　　[wǒ 我]　　[zuò zuòyè 做作业]

Hǎo a. wǒ xiàle kè, jiù gěi nǐ dǎ diànhuà.
好 啊。我 下了 课，就 给 你 打 电话。
　　　　[Nǐ 你]　　　　　　　[wǒ 我]

跟 gēn 介 ～と
做作业 zuò zuòyè 宿題をする
给 gěi 介 ～に
下课 xià//kè 動 授業が終わる

文法

B 介詞 "给" と "跟"

〔1〕"给"　"给"＋人＋動詞　「〔人〕に～する」

Wǒ gěi nǐ xiěxìn.
我 给 你 写信。

Nǐ gěi wǒ dǎ diànhuà ba.
你 给 我 打 电话 吧。

Tā bù gěi wǒ xiě xìn, gěi wǒ māma xiě.
她 不 给 我 写 信，给 我 妈妈 写。

Nǐ gěi tā mǎi shénme lǐwù?
你 给 她 买 什么 礼物？

〔2〕"跟"　"跟"＋人（＋一起）＋動詞　「〔人〕と（一緒）に～する」

Wǒ gēn péngyou yìqǐ qù.
我 跟 朋友 一起 去。

Wǒ gēn tā yìqǐ xuéxí Hànyǔ.
我 跟 她 一起 学习 汉语。

Wǒ bù gēn tā qù, xiǎng gēn nǐ qù.
我 不 跟 他 去，想 跟 你 去。

Tā xiǎng gēn wǒ yìqǐ qù lǚxíng.
他 想 跟 我 一起 去 旅行。

練習02

（　　）に "跟" か "给" を入れましょう。

① Wǒ　　　　nǐ mǎi yí ge xiǎo lǐwù.
　我（　　）你 买 一 个 小 礼物。

② Wǒ　　　　péngyou yìqǐ qù chīfàn.
　我（　　）朋友 一起 去 吃饭。

③ Jīntiān wǎnshang wǒ　　　　nǐ zuòfàn ba.
　今天 晚上 我（　　）你 做饭 吧。

④ Zhège shǔjià wǒ　　　　péngyou jiànmiàn le.
　这个 暑假 我（　　）朋友 见面 了。

小：ちょっとした、手軽な
做饭：ご飯を作る
暑假：夏休み
见面：会う

4 C

Kèběn, nǐ dàilai le ma?
课本，你 带来 了 吗？

| Qiānbǐ 铅笔 | jièlai 借来 |
| Miànbāo 面包 | mǎilai 买来 |

Wǒ wàng le. Méi dàilai.
我 忘 了。没 带来。

| jièlai 借来 |
| mǎilai 买来 |

带 dài 動 持つ、携帯する
铅笔 qiānbǐ 名 鉛筆
面包 miànbāo 名 パン
忘 wàng 動 忘れる

C 方向補語（1）

移動を意味する動詞が、動詞の後ろに置かれると方向補語となり、動作の方向をあらわす。
方向補語は、単純型（〔1〕〔2〕類）と、複合型（〔3〕類）がある。

＊補語については「文法ノート **7**」を参照のこと。

〔1〕動詞＋方向補語〔来・去〕

【例】
huílai　jièlai　jìnqu　chūqu　guòqu
回来　借来　进去　出去　过去

Wǒ huílai le.　　　　　Nà běn xiǎoshuō, wǒ jièlai le.
我 回来 了。　　　　　那 本 小说，我 借来 了。

Wǒ kěyǐ jìnqu ma?　　　Xú lǎoshī chūqu le.
我 可以 进去 吗？　　　徐 老师 出去 了。

进：入る
过：過ぎる

＊向かってくるならば"来"を、離れていくならば"去"を用いる。

★日本語にあらわれない"来""去"を、補語として加えなければならない表現がある。
入って。　→进来吧。／进去吧。　×你进吧。
彼女は帰ったよ。　→她回去了。　×她回了。

〔2〕動詞＋方向補語〔上・下・进・出・回・过・起〕

【例】
páshang　dàishang　zuòxia　zǒujin　pǎochu
爬上　　带上　　坐下　　走进　　跑出

Wǒmen páshang le Fùshìshān.　　Zánmen zuòxia tán ba.
我们 爬上 了 富士山。　　　　咱们 坐下 谈 吧。

Lǎoshī zǒujin jiàoshì.　　　　Xiǎoháir pǎochu fángjiān.
老师 走进 教室。　　　　　　小孩儿 跑出 房间。

＊"上"と"起"はともに上への動きをあらわすが、"上"では着点に、"起"では起点に焦点が当てられている。
táiqǐ tóu
抬起 头（頭を上げる）

跑：走る
谈：話す
小孩儿：子供
房间：部屋

5

C

Zhèxiē dōngxi, nǐ néng fàngjinqu ma?
这些 东西, 你 能 放进去 吗?
　　　　　　　　　　 搬过去 bānguoqu
　　　　　　　　　　 带回去 dàihuiqu

Méi wèntí. Wǒ néng fàngjinqu.
没 问题。我 能 放进去。
　　　　　　　　 搬过去 bānguoqu
　　　　　　　　 带回去 dàihuiqu

* 放 fàng 置く
放进去 fàngjinqu 入れる
* 搬 bān 動 運ぶ・移す
搬过去 bānguoqu 運んでいく
带回去 dàihuiqu 持って帰っていく
没问题 méi wèntí 大丈夫

文法

〔3〕動詞＋複合方向補語〔〔2〕＋〔1〕〕

単純方向補語	shàng 上 のぼる・上がる	xià 下 くだる・下がる	jìn 进 入る	chū 出 出る	huí 回 戻る	guò 过 過ぎる	qǐ 起 起きる・上がる
複合方向補語 来	上来	下来	进来	出来	回来	过来	起来
去	上去	下去	进去	出去	回去	过去	

【例】走上去 zǒushangqu　跑下去 pǎoxiaqu　走进来 zǒujinlai　拿出来 náchulai　带回来 dàihuilai　站起来 zhànqilai

站: 立つ

Qǐng dàjiā zhànqilai!
请 大家 站起来！

Lǎoshī zǒujìn jiàoshì lái le.
老师 走进 教室 来 了。

Tā cóng shūbāoli náchū yì běn shū lái.
她 从 书包里 拿出 一 本 书 来。

★目的語が「場所」の場合は、"来"・"去"の前に置く。「一般の事物」の場合は、"来"・"去"の前・後どちらにでも置くことができる。

Tā huí jiā qù le.
「場所」她 回 家 去 了。　×她回去家了。

Tā cóng shūbāoli náchulai yì běn shū.
「一般の事物」她 从 书包里 拿出来 一 本 书。

練習03

日本語の意味になるように、（　）に方向補語を使った中国語を入れましょう。

① Diànnǎo, wǒ
电脑，我（　　　）了。　　　　　　パソコン、持ってきました。

② Qǐng dàjiā
请 大家（　　　）。　　　　　　　 皆さんお掛け下さい。

③ Wǒ　　　　le.　　Nǐ　　　　le.
我（　　　）了。――你（　　　）了。　ただいま。――おかえり。

④ Lǎoshī
老师（　　　）了。　　　　　　　　先生は教室を出て行きました。

D

这是 中国 的 点心，你 尝尝 吧。
Zhè shì Zhōngguó de diǎnxin nǐ chángchang ba.

中文 小说
Zhōngwén xiǎoshuō

拿回去 看看
náhuiqu kànkan

谢谢。我 尝 一下。
Xièxie. Wǒ cháng yíxià.

看
kàn

点心	diǎnxin	名	菓子
尝	cháng	動	味わう
中文	Zhōngwén	名	中国語
拿回去	náhuiqu		持って帰っていく
一下	yíxià	数量	ちょっと（〜する）

D 動詞の重ね型

動詞＋動詞　「ちょっと〜する」「〜してみる」

＊依頼や命令で用いられるときには、相手にかける負担の軽減を気遣う表現になる。

　動詞を重ねると、「ちょっと〜する」という少ない時間に動作をすること、あるいは「〜してみる」という試みの意味をあらわす。1音節の動詞を重ねる場合、動詞と動詞の間に"一"を入れてもよい。

请 等（一）等。
Qǐng děng yi deng.

你 看（一）看 电视。
Nǐ kàn yi kan diànshì.

咱们 休息 休息 吧。
Zánmen xiūxi xiūxi ba.

你 尝（一）尝 我 做 的 菜。※
Nǐ cháng yi chang wǒ zuò de cài.

我 来 介绍介绍 吧。
Wǒ lái jièshaojièshao ba.

※"我做的菜"→「文法ノート❽-❷」参照のこと。

★「動詞＋一下（＋目的語）」
　上記の「ちょっと〜する」と、同様の意味をあらわす。目的語は「一下」の後に置く。

请 等 一下。
Qǐng děng yíxià.

你 尝 一下 我 做 的 菜。
Nǐ cháng yíxià wǒ zuò de cài.

「重ね型」ができない動詞も、重ね型と同じ意味をあらわすことができる。

我 去 一下 洗手间。　　× 去去
Wǒ qù yíxià xǐshǒujiān.

練習04

◆日本語と同じ意味になるように、次の語を並べ替えましょう。

①你〔等／这儿／等／在〕。
Nǐ děng zhèr děng zài
ここでちょっと待っていて。

②你〔问／服务台／问／去〕。
Nǐ wèn fúwùtái wèn qù
フロントへ行ってちょっと尋ねてみて。

服务台：フロント

③你〔一下／生鱼片／尝〕。
Nǐ yíxià shēngyúpiàn cháng
さしみをちょっと食べてみて。

生鱼片：さしみ

④你〔我买的／看／衣服／看〕。
Nǐ wǒ mǎi de kàn yīfu kàn
私が買った服をちょっと見てみて。

「趣味」をあらわす表現

yóuyǒng 游泳	泳ぐ	zuòcài 做菜	料理(をする)
pǎobù 跑步	ジョギング(をする)	zuò diǎnxin 做 点心	お菓子を作る
tī zúqiú 踢 足球	サッカー(をする)	huáxuě 滑雪	スキー(をする)
dǎ pīngpāngqiú 打 乒乓球	卓球(をする)	huábīng 滑冰	スケート(をする)
dǎ wǎngqiú 打 网球	テニス(をする)	páshān 爬山	山に登る
dǎ lánqiú 打 篮球	バスケットボール(をする)	shàngwǎng 上网	インターネット(をする)
dǎ páiqiú 打 排球	バレーボール(をする)	zhàoxiàng 照相	写真(を撮る)
dǎ bàngqiú 打 棒球	野球(をする)	jíyóu 集邮	切手収集(をする)
tiàowǔ 跳舞	ダンス(をする)	tīng yīnyuè 听 音乐	音楽鑑賞(をする)
kàn shū 看 书	読書(をする)	tán gāngqín 弹 钢琴	ピアノ(を弾く)
kàn diànyǐng 看 电影	映画鑑賞(をする)	tán jítā 弹 吉他	ギター(を弾く)
xiě shūfǎ 写 书法	書道(をする)	chàng kǎlā OK 唱 卡拉OK	カラオケ(をする)
huà huàr 画 画儿	絵を描く	guàng shāngdiàn 逛 商店	ウィンドーショッピング(をする)
wánr yóuxì 玩儿 游戏	ゲーム(をする)	lǚyóu 旅游	旅行(をする)

自己紹介：自我 介绍

Nǐmen hǎo! Wǒ jiào Zhāiténg Měizǐ. Wǒ shì Dōngyáng dàxué fǎlǜ xì yī niánjí de xuésheng. Wǒ de zhuānyè shì fǎlǜ. Wǒ shǔ hǔ, jīnnián shíjiǔ suì le.
你们 好！我 叫 斋藤 美子。我 是 东阳 大学 法律 系 一 年级 的 学生。 我 的 专业 是 法律。我 属 虎，今年 十九 岁 了。

Wǒ jiā yǒu wǔ kǒu rén, yǒu nǎinai, bàba, māma, yí ge jiějie hé wǒ. Wǒ bàba shì gōngsī zhíyuán, zài màoyì gōngsī gōngzuò. Māma shì jiātíng zhǔfù, jiějie zài yínháng gōngzuò.
我 家 有 五 口 人，有 奶奶、爸爸、妈妈、一 个 姐姐 和 我。我 爸爸 是 公司 职员，在 贸易 公司 工作。妈妈 是 家庭 主妇，姐姐 在 银行 工作。

Wǒ jiā zài Qiānyè, Qiānyè yǒu Díshìní Lèyuán, Wǒ hé jiějie dōu hěn xǐhuan qù nàr wánr.
我 家 在 千叶，千叶 有 迪士尼 乐园，我 和 姐姐 都 很 喜欢 去 那儿 玩儿。

Wǒ xǐhuan tīng yīnyuè, chángcháng tīng Rìběn de liúxíng gēr. Wǒ hái xǐhuan qù lǚxíng. Zhège xiàtiān, wǒ hé péngyou yìqǐ qù Chōngshéng lǚxíng, Chōngshéng de hǎi hěn piàoliang. Wǒmen zài hǎibiānr wánr de hěn kāixīn. Yīnwèi hánjià wǒ xiǎng qù Táiwān lǚxíng, suǒyǐ xīngqīliù hé xīngqītiān wǒ zài bǔxíbān dǎgōng. Gōngzuò suīrán hěn lèi, dànshì hěn yǒu yìsi.
我 喜欢 听 音乐， 常常 听 日本 的 流行 歌儿。我 还 喜欢 去 旅行。这个 夏天，我 和 朋友 一起 去 冲绳 旅行， 冲绳 的 海 很 漂亮。我们 在 海边儿 玩儿 得 很 开心。因为 寒假 我 想 去 台湾 旅行，所以 星期六 和 星期天 我 在 补习班 打工。 工作 虽然 很 累，但是 很 有 意思。

Rènshi nǐmen, wǒ hěn gāoxìng. Yǐhòu qǐng duō guānzhào.
认识 你们，我 很 高兴。以后 请 多 关照。

系：学部　年级：学年　奶奶：祖母（父方）　职员：職員　贸易：貿易　家庭主妇：専業主婦　千叶：千葉　迪士尼乐园：ディズニーランド　流行歌儿：流行曲　还：ほかに　夏天：夏　冲绳：沖縄　漂亮：きれい、美しい　海边儿：海　玩儿得很开心：楽しく遊んだ（※第十課「様態補語」を参照のこと）　因为～所以…：～なので…だ　寒假：冬休み　补习班：塾　虽然～但是…：～だけども…だ　有意思：面白い　认识：知り合う　以后：これから　请多关照：よろしくお願いします

【単語練習】習った語の簡体字とピンインを書き入れましょう。

日本語	簡体字	ピンイン
日本語		
フロント		
夏休み		
だめです		
タバコを吸う		
ご飯を作る		

日本語	簡体字	ピンイン
話す		
部屋		
子供		
立つ		
走る		
さしみ		

第十课 你唱得怎么样？
Dì shí kè　Nǐ chàng de zěnmeyàng?

1 A

Nǐ shuì de hǎo ma?
你 睡 得 好 吗？

| qǐ | zǎo |
| 起 | 早 |

| wánr | hǎo |
| 玩儿 | 好 |

Wǒ shuì de bù hǎo.
我 睡 得 不 好。

| qǐ | bú tài zǎo |
| 起 | 不 太 早 |

| wánr | hěn hǎo |
| 玩儿 | 很 好 |

睡 shuì 動 寝る
得 de 助 〜するのが…だ
起 qǐ 動 起きる
早 zǎo 形 早い
玩儿 wánr 動 遊ぶ

文法

A 様態補語（1）

　動詞や形容詞の後に置かれ、その動作の様子、結果の状態をあらわす。実現済みのことや、恒常的に行われていることを描写する。

動詞＋"得 de"＋様態補語〔形容詞〕　「〜するのが…だ」

Tā pǎo de hěn kuài.
他 跑 得 很 快。

Tā chàng de hěn hǎo.
她 唱 得 很 好。

Wǒ qǐ de bù zǎo.
我 起 得 不 早。

Tā chàng de bù hǎo.
她 唱 得 不 好。

Nǐ shuì de wǎn ma?
你 睡 得 晚 吗？

Tā chàng de hǎo bu hǎo?
她 唱 得 好 不 好？

快：速い
晚：（時間が）遅い

● 動詞が目的語を伴うとき　**（動詞）＋目的語＋動詞＋"得 de"＋様態補語〔形容詞〕**

動詞を繰り返す（動詞＋目的語＋動詞＋"得"）が、前の動詞を省略することができる。

Tā (shuō) huà shuō de hěn kuài.
她（说）话 说 得 很 快。

Wǒ (chàng) gēr chàng de hěn bù hǎo.
我（唱）歌儿 唱 得 很 不 好。

Nǐ (chī) fàn chī de tài kuài le.
你（吃）饭 吃 得 太 快 了。

＊［注意］"得" は必ず動詞の直後におく。
　×我说汉语得不太好。

文法 第十课

A 様態補語(1)
B 比較(1)
C 主述述語文──「XはYがZ」表現

2 A

Tā (chàng) gēr chàng de zěnmeyàng?
她（唱）歌儿 唱 得 怎么样？
　　(shuō) Hànyǔ　　shuō
　　（说）汉语　　　说

流利 liúlì　形 流暢だ

Tā (chàng) gēr chàng de hěn hǎo.
她（唱）歌儿 唱 得 很 好。
　　(shuō) Hànyǔ　　shuō　　hěn liúlì
　　（说）汉语　　　说　　　很 流利

Nǐ (shuō) Hànyǔ shuō de zěnmeyàng?　　Wǒ (shuō) Hànyǔ shuō de bú tài hǎo.
你（说）汉语 说 得 怎么样？　　──我（说）汉语 说 得 不 太 好。

練習01
◆様態補語を使って、中国語に訳しましょう。

①歩くのが遅い。　　　　　　　　　　　　　　　　　　　　　　　　　　　遅い：慢 màn
_____

②起きるのが早くない。
_____

③話すのが速すぎる。
_____

④歌を歌うのが余り上手ではない。
_____

⑤動物園で楽しく遊んだ。
_____

3 B

Jīntiān bǐ zuótiān lěng ma?
今天 比 昨天 冷 吗？

| Nǐ | tā | dà |
| 你 | 他 | 大 |

| Nǐ de Hànyǔ | tā de | hǎo |
| 你的汉语 | 她的 | 好 |

比 bǐ 介 ～より、～に比べて
冷 lěng 形 寒い
那么 nàme 代 ～ほど(に)、そんなに

Jīntiān méiyǒu zuótiān (nàme) lěng.
今天 没有 昨天（那么）冷。

| Wǒ | tā | dà |
| 我 | 他 | 大 |

| Wǒ de Hànyǔ | tā de | hǎo |
| 我的汉语 | 她的 | 好 |

文法

B 比較（1）

〔1〕A＞B "比" を使った比較

`A〔主語〕＋比＋B〔比較の対象〕＋形容詞（＋差量）`　「AはBより～」

Tā bǐ wǒ xiǎo.　　　　Zhè jiàn bǐ nàjiàn guì ma?
他 比 我 小。　　　　这 件 比 那件 贵 吗？

小：年下である、若い
贵：(値段が) 高い

●比較の差（差量）は述語の後ろに置く

❶差が少ない→「ちょっと」

Tā bǐ wǒ dà yìdiǎnr.　　Zhège bǐ nàge hǎo yìdiǎnr.
她 比 我 大 一点儿。　这个 比 那个 好 一点儿。

❷差が大きい→「ずっと」

Běijīng bǐ Dōngjīng lěng de duō.　Zhège bǐ nàge guì duō le.
北京 比 东京 冷 得 多。　　　　这个 比 那个 贵 多 了。

＊［注意］"很""非常"などの程度副詞を、形容詞の前に置くことはできない。
× 北京比东京很冷。　× 这个比那个很贵。
○ 北京比东京冷得很。○ 这个比那个贵得很。

❸具体的な差を示す

Tā bǐ wǒ dà liǎng suì.　　Jīntiān bǐ zuótiān lěng shí dù.
他 比 我 大 两 岁。　　　今天 比 昨天 冷 十 度。

度：℃

〔2〕A＜B "没有"を使った比較

`A＋没有＋B（＋"这么／那么"）＋形容詞`　「AはBほど（こんなに／あんなに）～ない」

Dōngjīng méiyǒu Běijīng (nàme) lěng.　　Gēge méiyǒu wǒ (zhème) gāo.
东京 没有 北京（那么）冷。　　　　　哥哥 没有 我（这么）高。

这么：～ほど、こんなに

＊"这么／那么"を使うことで、程度が表現できる。

4 B

Tā de Hànyǔ zěnmeyàng?
她 的 汉语 怎么样？

| Zhè jiàn máoyī |
| 这 件 毛衣 |

| Zhè shǒu gēr |
| 这 首 歌儿 |

Tā de Hànyǔ gēn Zhōngguórén yíyàng hǎo.
她 的 汉语 跟 中国人 一样 好。

| Zhè jiàn máoyī | nà jiàn | piàoliang |
| 这 件 毛衣 | 那 件 | 漂亮 |

| Zhè shǒu gēr | nà shǒu | hǎotīng |
| 这 首 歌儿 | 那 首 | 好听 |

跟～一样 gēn~yíyàng ～と同じ
毛衣 máoyī 名 セーター
漂亮 piàoliang 形 きれい、美しい
好听 hǎotīng 形 (聞いて)心地よい、(音や声が)美しい

---

〔3〕A=B "跟～一样"を使った比較

A＋跟＋B＋一样（＋形容詞） 「AはBと同じ（くらい～だ）」

Tā de cídiǎn gēn wǒ de (cídiǎn) yíyàng.
他 的 词典 跟 我 的（词典）一样。

Tā de yīfu gēn wǒ de (yīfu) yíyàng.
她 的 衣服 跟 我 的（衣服）一样。

Tā gēn wǒ yíyàng dà.
她 跟 我 一样 大。

Jīntiān gēn zuótiān yíyàng rè.
今天 跟 昨天 一样 热。　　　热：暑い

● 否定文　**A＋跟＋B＋不一样**　「AはBと違う」

Nǐ de yìjiàn gēn wǒ de (yìjiàn) bù yíyàng.
你 的 意见 跟 我 的（意见）不 一样。

Tā de diànnǎo gēn wǒmen de (diànnǎo) bù yíyàng.
她 的 电脑 跟 我们 的（电脑）不 一样。

意见：意见

練習02
〔　〕の中の語を正しい文になるように、並べ替えましょう。

Zhège nàge bǐ piányi
①这个〔那个／比／便宜〕。＿＿＿＿＿＿＿＿＿＿＿＿＿＿　便宜：安い

Tā liǎng suì bǐ xiǎo wǒ
②他〔两／岁／比／小／我〕。＿＿＿＿＿＿＿＿＿＿＿＿＿＿

Tā de Hànyǔ hǎo bǐ de duō wǒ de
③他 的 汉语〔好／比／得／多／我 的〕。＿＿＿＿＿＿＿＿＿

Dōngjīng nàme lěng Běijīng méiyǒu
④东京〔那么／冷／北京／没有〕。＿＿＿＿＿＿＿＿＿＿＿

Jīntiān zuótiān rè yíyàng gēn
⑤今天〔昨天／热／一样／跟〕。＿＿＿＿＿＿＿＿＿＿＿＿

Zhè cì kǎoshì róngyì bǐ shàngcì yìdiǎnr
⑥这 次 考试〔容易／比／上次／一点儿〕。＿＿＿＿＿＿＿　容易：易しい

5

Wǒ shēntǐ bù shūfu.
我 身体 不 舒服。
　　dùzi　　bǎo le
　　肚子　　饱 了

Nǐ qù yīyuàn kànbìng le ma?
你 去 医院 看病 了 吗？
chī de tài shǎo le, duō chī diǎnr.
吃 得 太 少 了, 多 吃 点儿。

身体 shēntǐ 名 体
肚子 dùzi 名 おなか、腹
饱 bǎo 形 おなかがいっぱいだ
医院 yīyuàn 名 病院
看病 kàn//bìng 動 診察を受ける
少 shǎo 形 少ない
多 duō 形 多い、たくさん

※ "多吃点儿" の "多" の用法に関しては、「文法ノート⑨形容詞の「状語」」を参照のこと。

文法

C 主述述語文 ──「X は Y が Z」表現

日本語の「象は鼻が長い」に代表される「X（主題）は Y（主語）が Z（述語）」という表現は、中国語でも同様の語順であらわされる。

大象　鼻子 很长。　　　　他　个子 很高。
主語　　述語　　　　　　主語　　述語
(主題)　主語 述語　　　　(主題)　主語 述語
ゾウは　鼻が 長い　　　　（　　　　　　　）

* 「鼻が｜長い」、「背が｜高い」という、「主語＋述語」構造が 述語 になっている文なので、「主述述語文」という。

文頭の「象は」は、「象について言えば」という文全体の主題であり、「鼻が長い」がそれに対する述語である。二つ目の文も、「彼について言えば」、「背が高い」と述べている。

Zhōngguó rénkǒu hěn duō.　　Bàba gōngzuò hěn máng.　　Dōngjīng jiāotōng hěn fāngbiàn.
中国　人口 很 多。　　　　爸爸 工作 很 忙。　　　　东京 交通 很 方便。

Tā nǎozi hěn cōngming.　　Wǒmen xuéxiào Měiguó liúxuéshēng bútài duō.
他 脑子 很 聪明。　　　　我们 学校 美国 留学生 不太 多。

人口：人口
交通：交通
方便：便利だ
脑子：頭、頭脳
聪明：利口だ

練習03
✎日本語に訳しましょう。

Rìběn wēnquán hěn duō.
①日本 温泉 很 多。＿＿＿＿＿＿＿＿＿＿＿＿＿＿＿＿＿＿＿＿＿＿＿＿

温泉：温泉

Tā xìnggé hěn hǎo.
②她 性格 很 好。＿＿＿＿＿＿＿＿＿＿＿＿＿＿＿＿＿＿＿＿＿＿＿＿

性格：性格
春天：春
樱花：桜

Chūntiān yīnghuā hěn měi.
③春天 樱花 很 美。＿＿＿＿＿＿＿＿＿＿＿＿＿＿＿＿＿＿＿＿＿＿

美：美しい

Wǒ dùzi hěn téng.
④我 肚子 很 疼。＿＿＿＿＿＿＿＿＿＿＿＿＿＿＿＿＿＿＿＿＿＿＿

疼：痛い

関連単語

长得~ / 长~ : 成長をあらわす表現

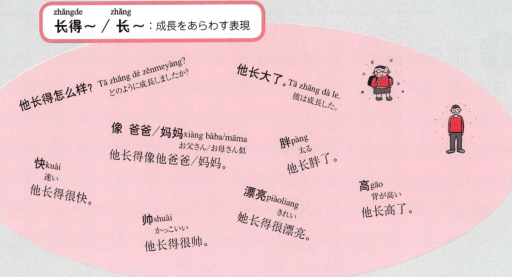

他长得怎么样? Tā zhǎng dé zěnmeyàng? どのように成長しましたか?
他长大了。Tā zhǎng dà le. 彼は成長した。
像 爸爸／妈妈 xiàng bàba/māma お父さん／お母さん似
他长得像他爸爸／妈妈。
胖 pàng 太る
他长胖了。
快 kuài 速い
他长得很快。
漂亮 piàoliang きれい
她长得很漂亮。
高 gāo 背が高い
他长高了。
帅 shuài かっこいい
他长得很帅。

 【単語練習】習った単語の簡体字とピンインを書き入れましょう。

日本語	簡体字	ピンイン
こんなに		
速い		
（値段が）高い		
易しい		
暑い		
（時間が）遅い		
痛い		
桜		
美しい		
春		
10℃		

日本語	簡体字	ピンイン
人口		
交通		
便利だ		
頭脳		
利口だ		
年下		
性格		
意見		
温泉		
ケーキひとつ（一切れ）		
塩辛い		

文法 第十课

第十一课 你在做什么呢?
Dì shíyī kè　Nǐ zài zuò shénme ne?

是～的 shì~de ～した

1 A

这（是）在哪儿买的?
Zhè (shì) zài nǎr mǎi de?

- 谁 shéi
- 多少 钱 duōshao qián

这（是）在新宿买的。
Zhè (shì) zài Xīnsù mǎi de.

- 我 朋友 wǒ péngyou
- 两千 日元 liǎngqiān rìyuán

文法

A "是～的"構文

| 主語＋("是")＋ | 時間
場所
方法
関与者 | ＋動詞＋"的" | 「～した」 |

既に実現している事柄について、その事が「いつ」「どこで」「誰が」「どのように」行われたかに焦点をあてて述べる表現。

【時間】你（是）什么时候来的?——我（是）去年来的。
　　　　Nǐ (shì) shénme shíhou lái de?　Wǒ (shì) qùnián lái de.

【場所】你（是）从哪儿来的?——我（是）从上海来的。
　　　　Nǐ (shì) cóng nǎr lái de?　Wǒ (shì) cóng Shànghǎi lái de.

【方法】你（是）怎么来的?——我（是）坐飞机来的。
　　　　Nǐ (shì) zěnme lái de?　Wǒ (shì) zuò fēijī lái de.

【関与者】你（是）跟谁一起去的?——我（是）跟朋友一起去的。
　　　　　Nǐ (shì) gēn shéi yìqǐ qù de?　Wǒ (shì) gēn péngyou yìqǐ qù de.

● 否定文

"不是～的"であらわし、"是"は省略できない。

他不是在日本学的。　　我不是一个人去的。
Tā bú shì zài Rìběn xué de.　Wǒ bú shì yí ge rén qù de.

文法 第十一課

A "是～的"構文　B 動作・行為の進行をあらわす副詞 "正在" "正" "在"、助詞 "呢"　C 予定をあらわす助動詞 "打算"
D 時間の長さ・動作の回数をあらわす語の位置（2）―目的語がある場合

2

A

Nǐ (shì) zài nǎr xué de Hànyǔ?
你（是）在 哪儿 学 的 汉语？

shénme shíhou
什么 时候

gēn shéi
跟 谁

Wǒ (shì) zài Rìběn xué de.
我（是）在 日本 学 的。

shàng dàxué de shíhou
上 大学 的 时候

gēn Rìběn lǎoshī
跟 日本 老师

跟 gēn 動 (人に)ついて
上 shàng 動 通う
～的时候 ～de shíhou ～のとき

● 疑問文

Tā (shì) zuótiān lái de ma?
他（是）昨天 来 的 吗？

Tā shì bu shì zuótiān lái de?　　Bú shì zuótiān lái de, shì qiántiān lái de.
他 是 不 是 昨天 来 的？ —— 不 是 昨天 来 的，是 前天 来 的。

● 目的語があるとき

❶ ～動詞＋的＋目的語

Nǐ (shì) zài nǎr xué de Hànyǔ?　　Wǒ (shì) zài Rìběn xué de Hànyǔ.
你（是）在 哪儿 学 的 汉语？ —— 我（是）在 日本 学 的 汉语。

❷ ～動詞＋目的語＋的

Nǐ (shì) zài nǎr xué Hànyǔ de?　　(shì) Zài Rìběn xué Hànyǔ de.
你（是）在 哪儿 学 汉语 的？ ——（是）在 日本 学 汉语 的。

練習01

次の下線部を問う疑問詞疑問文を作りましょう。

Wǒ shì cóng Běijīng lái de.
①我 是 从 北京 来 的。　_____

Tāmen shì zuò fēijī lái de.
②他们 是 坐 飞机 来 的。　_____

3
B

Nǐ zài zuò shénme ne?
你 在 做 什么 呢？

Wǒ zài xuéxí ne.
我 在 学习 呢。

shàngwǎng
上网

wánr yóuxì
玩儿 游戏

在 zài 副 〜している
呢 ne 助 〜している
游戏 yóuxì 名 遊戯、ゲーム

文法

　　　　Wǒ zài Qiūyèyuán mǎi de.
③我 在 秋叶原 买 的。　　　　　　　　　　　　　　秋叶原：秋葉原

　　　　Wǒmen shì shàng ge xīngqī rènshi tā de.
④我们 是 上 个 星期 认识 他 的。　　　　　　　　认识：知り合う

B 動作・行為の進行をあらわす副詞 "正在""正""在"、助詞 "呢"

"正在"／"正"／在"＋動詞（＋目的語）＋"呢"　　「〜しているところだ」

Wǒmen zhèngzài kàn diànshì (ne).　　Wǒ māma zhèng dǎ diànhuà (ne).
我们 正在 看 电视（呢）。　　我 妈妈 正 打 电话（呢）。

Nǐ zài zuò shénme ne?　　Wǒ zài děng nǐ ne.
你 在 做 什么 呢？　　——我 在 等 你 呢。

Nǐmen hái zài xuéxí ma?　　Méiyǒu.
你们 还 在 学习 吗？　　——没有。

＊文末の "呢" は省略できる。ただし、"呢" だけでも、行為の進行をあらわすことができる。

＊否定の回答は、"没有"

● 否定文

"没（有）〜" または "没（有）在〜" となる。

Wàibianr méi zài xiàxuě, zài xià yǔ ne.
外边儿 没（在）下雪，（在）下雨 呢。

Nǐmen zài chīfàn ma?　　Méiyǒu, wǒmen méi zài chīfàn.
你们 在 吃饭 吗？　　——没有，我们 没（在）吃饭。

★ "在" は「〜している」という状態に重点がおかれ、"正" は「まさに、いま」という時間に重点がおかれる。"呢" は口語的表現で、ある状態にあることを強調する。他に動作の持続の "着"（第十二課B）などとも一緒に用いられる。

下雪：雪が降る
下雨：雨が降る

4

C

Shèngdànjié nǐ dǎsuan zuò shénme?
圣诞节 你 打算 做 什么？

Hánjià
寒假

Yuándàn
元旦

Wǒ dǎsuan gēn jiārén yìqǐ qù chīfàn.
我 打算 跟 家人 一起 去 吃饭。

qù lǚxíng
去 旅行

kàn diànshì
看 电视

圣诞节 Shèngdànjié 名 クリスマス
打算 dǎsuan 助動 〜するつもりだ、〜する予定である
元旦 Yuándàn 名 元旦
家人 jiārén 名 家族

練習02

☑ 日本語に訳しましょう。（"在"の意味の違いに気をつけましょう。）

Wǒ māma zài zuòfàn.
①我 妈妈 在 做饭。 _____

Wǒ jiějie xiànzài zài Fǎguó.
②我 姐姐 现在 在 法国。 _____ 法国：フランス

Tā zài Běijīng zuò shénme?
③他 在 北京 做 什么？ _____

Tāmen hái zài kàn Zhōngguó diànyǐng.
④他们 还 在 看 中国 电影。 _____

C 予定をあらわす助動詞 "打算"

"打算"＋動詞／文　「〜するつもりだ」「〜する予定である」

具体的な予定や計画がある場合

Nǐ dǎsuan Chūnjié huíguó ma?　　　Wǒmen dǎsuan míngtiān qù túshūguǎn xiě bàogào.
你 打算 春节 回国 吗？　　　　　我们 打算 明天 去 图书馆 写 报告。　　　春节：春節
　　　　　　　　　　　　　　　　　　　　　　　　　　　　　　　　　　　　报告：レポート

Nǐ dǎsuan qù jiē tā ma?　　Wǒ dǎsuan qù. Wǒ bù dǎsuan qù.
你 打算 去 接 他 吗？　――我 打算 去。／我 不 打算 去。　　　　接：迎える

*反復疑問は"打（算）不打算"。

練習03

✎ 次に示された時間に、あなたが予定している事を、中国語で書いてみましょう。

①下课以后 _____　②今天晚上 _____

③明天 _____　④下星期天 _____

念 niàn 動 声を出して読む
遍 biàn 量 ～回、～遍
课文 kèwén 名 本文
小时 xiǎoshí 名 ～時間

文法

D 時間の長さ（時間量）・動作の回数（動作量）をあらわす語の位置（2）——目的語がある場合

〔1〕動詞の後ろ、目的語の前に置く

動詞 + 時間の長さ／動作の回数 + 目的語

❶〔時間量〕——時間の長さをあらわす語

Nǐ xuéle duō cháng shíjiān Hànyǔ?　　Xuéle yì nián Hànyǔ.
你 学了 多 长 时间 汉语？——学了 一 年 汉语。

Zuótiān wǒ kànle liǎng ge xiǎoshí diànshì.
昨天 我 看了 两 个 小时 电视。

【離合詞】他 在 美国 留过 三年 学。
　　　　　Tā zài Měiguó liúguo sānnián xué.

❷〔動作量〕——動作の回数をあらわす語

Nǐ qùguo jǐ cì Fǎguó?　　Qùguo liǎng cì (Fǎguó).
你 去过 几 次 法国？——去过 两 次（法国）。

Shàng ge yuè wǒ qùle yí tàng Běijīng.
上 个 月 我 去了 一 趟 北京。

【離合詞】我 今天 只 吃了 一 顿 饭。
　　　　　Wǒ jīntiān zhǐ chīle yí dùn fàn.

趟：～回（往復する動作の回数）
顿：～食、～回（食事や叱責、殴打の回数）

＊目的語が地名や人名のときには、動作量は目的語の前後どちらにも置くことができる。

我去了北京一趟。

〔2〕目的語が代名詞の場合は、目的語の後ろに置く

動詞＋目的語（代名詞）＋時間の長さ／動作の回数

Wǒ děngle tā bàntiān.
我 等了 他 半天。

Wǒ jiànguo tā yí cì.
我 见过 他 一 次。

半天：長い時間

Bàba shuōle wǒ yí dùn.
爸爸 说了 我 一 顿。

Wǒ qùguo nàr liǎngcì.
我 去过 那儿 两次。

说：説教する、しかる

練習04 中国語に訳しましょう。

① 私は、大学で法律を1年学びました。 _____

② 私は、彼女と2回会ったことがあります。 _____

③ 彼女は、先月アメリカに行ってきました。 _____

④ あなたたちは、どのくらい英語を勉強しましたか？ _____

⑤ 私は、日曜日8時間中国語を勉強しました。 _____

⑥ 昨日私は2時間泳ぎました。 _____

【単語練習】習った単語の簡体字とピンインを書き入れましょう。

日本語	簡体字	ピンイン
雪が降る		
雨が降る		
フランス		
2時間		
（往復）1回		
（食事や叱咤）1回		

日本語	簡体字	ピンイン
レポート		
迎える		
長い時間		
説教する、しかる		
伝言する		
電源を切る		

第十二课 生词，你记住了吗？
Dì shí'èr kè — Shēngcí, nǐ jìzhù le ma?

1 A

我的话，你听懂了吗？
Wǒ de huà, nǐ tīngdǒng le ma?

- Yàoshi 钥匙
- zhǎodào 找到
- Zhège zì 这个字
- kànqīngchu 看清楚

我没听懂。
Wǒ méi tīngdǒng.

- zhǎodào 找到
- kànqīngchu 看清楚

生词
- 话 huà 〔名〕話、言葉
- 听懂 tīngdǒng （聞いて）わかる
- 钥匙 yàoshi 〔名〕鍵
- 找到 zhǎodào 見つかる
- 字 zì 〔名〕字、文字
- 看清楚 kànqīngchu はっきり見る

文法

A 結果補語

動詞の後ろに動詞または形容詞をつけて、動作・行為の結果をあらわす。表現の重点が動作後の結果にあることから、否定文の"没有"は結果補語の部分を否定している。

動詞＋結果補語（結果をあらわす動詞／形容詞）

【動詞】

wán 〜完 終わる	zuòwán 做完 し終わる	chīwán 吃完 食べ終わる
dǒng 〜懂 わかる・理解する	tīngdǒng 听懂 （聞いて）わかる	kàndǒng 看懂 （見て）わかる
jiàn 〜见 感じとる	kànjiàn 看见 見かける・見える	tīngjiàn 听见 聞こえる
dào 〜到 目的を達成する	zhǎodào 找到 探し当てる	shōudào 收到 受け取る

【形容詞】

hǎo 〜好 満足な状態になる	dìnghǎo 订好 予約をすます	xuéhǎo 学好 マスターする
cuò 〜错 間違える	xiěcuò 写错 書き間違える	shuōcuò 说错 言い間違える
qīngchu 〜清楚 はっきりする	kànqīngchu 看清楚 はっきり見る	tīngqīngchu 听清楚 はっきり聞く

文法 第十二课

A 結果補語 B 動作の状態や結果の持続をあらわす "着"
C 禁止をあらわす副詞 "別" と "不要"
D 因果関係をあらわす "因为～, 所以…"

2 A

Dì shí'èr kè, nǐ xuéwán le méiyǒu?
第12课, 你 学完 了 没有?

Shēngcí　生词
jìzhù　记住
yóujiàn　邮件
shōudào　收到

学完 xuéwán 学び終える
生词 shēngcí 名 新出単語
记住 jìzhù しっかり覚える
邮件 yóujiàn 名 郵便物
收到 shōudào 受け取る

Wǒ hái méi xuéwán.
我 还 没 学完。

jìzhù　记住
shōudào　收到

Wǒ xiǎng xuéhǎo Hànyǔ.　　Wǒ méi(yǒu) tīngdǒng nǐ de huà.
我 想 学好 汉语。　　　我 没(有) 听懂 你 的 话。

*否定は "没(有)" を用いる。

Nǐ chīwán fàn le ma?　　Chīwán le.　　hái Méi chīwán.
你 吃完 饭 了 吗? ——吃完 了。/（还）没 吃完。

Nǐ zhǎodào gōngzuò le méiyǒu?　　Zhǎodào le.　　hái Méi zhǎodào.
你 找到 工作 了 没有? ——找到 了。/（还）没 找到。

工作：仕事

練習01

日本語と同じ意味になるように、次の □ の中から選んで、（ ）に入れましょう。

kàndào	kànjiàn	chīhǎo	náhǎo	tīngcuò	xuéhuì
看到	看见	吃好	拿好	听错	学会

Tàijíquán, wǒ hái méi
①太极拳，我 还 没（　　　）。　太極拳は、まだマスターしていません。　太极拳：太極拳

Duìbuqǐ, wǒ　　　　le.
②对不起，我（　　　）了。　すみません。聞き間違えました。

Nǐ　　　　le ma?
③你（　　　）了 吗?　お腹はいっぱいになりましたか?

Chēpiào, nǐ　　　　le ma?
④车票，你（　　　）了 吗?　切符はちゃんと持ちましたか?　车票：乗車券、切符

Xuéxiào de tōngzhī, nǐ　　　　le ma?
⑤学校 的 通知，你（　　　）了 吗?　学校からの通知は、見ましたか?　通知：通知、知らせ

Nǐ　　　Xiǎo Zhāng le méiyǒu?
⑥你（　　　）小 张 了 没有?　張さんを見かけましたか?

文法 第十二课

3

🐼 Wǒ lái bāngmáng ba.
我 来 帮忙 吧。

ná xíngli
拿 行李

🐰 Bié kèqi. Nǐ zuòzhe ba.
别 客气。你 坐着 吧。

fàngzhe
放着

来 lái 動 〜しましょう(すすんである行為を行うことをあらわす)
帮忙 bāng//máng 動 手伝う、助ける
别 bié 副 〜するな
客气 kèqi 動 遠慮する
着 zhe 助 〜している
放 fàng 動 置く、下ろす

文法

B 動作の状態や結果の持続をあらわす"着"

動詞＋"着"　「〜している」「〜してある」

＊否定の回答は、"没有"を用いる。

主に、動作完了後の結果の残存や、動作の状態の持続をあらわす。文末に助詞"呢"を伴うことが多い。

【状態の持続】
děngzhe　　　　zuòzhe　　　　tǎngzhe　　　　　　zhànzhe
等着 待っている　坐着 座っている　躺着 横になっている　站着 立っている

【結果の残存】
tiēzhe　　　　　fàngzhe　　　　guānzhe　　　　　　kāizhe
贴着 貼ってある　放着 置いてある　关着 閉まっている　开着 開いている

Wǒ děngzhe nǐ ne.　　Tā zài yǐzi shang zuòzhe.
我 等着 你 呢。　　　 她 在 椅子 上 坐着。　　椅子：イス

Mén kāizhe ne.　　　 Nǐ de yīfu zài zhèr fàngzhe ne.
门 开着 呢。　　　　 你 的 衣服 在 这儿 放着 呢。

Dìtú méi zài qiáng shang tiēzhe.
地图 没 在 墙 上 贴着。　　　　　　　　　　門：ドア
　　　　　　　　　　　　　　　　　　　　　　　地图：地図
　　　　　　　　　　　　　　　　　　　　　　　墙：壁

＊V₁＋"着"（+目的語）＋V₂（+目的語）
「どのように〜する」

Zánmen zǒuzhe qù ba.
咱们 走着 去 吧。

Wǒ méi tǎngzhe kàn shū.
我 没 躺着 看 书。

Zánmen zài zhèr zhànzhe shuō ba.
咱们 在 这儿 站着 说 吧。

練習02

📝 日本語に訳しましょう。

Tā chuānzhe yí jiàn máoyī.
①他 穿着 一 件 毛衣。　　　　　　　　　　　　　　　　　　　穿：着る、はく

Nǐ děngzhe ba. Wǒ qù ná kāfēi.
②你 等着 吧。我 去 拿 咖啡。

Lǎoshī zài qiánmian zhànzhe jiǎngkè.
③老师 在 前面 站着 讲课。　　　　　　　　　　　　　　　　　讲课：授業をする

Wǒ jīngcháng zài shāfā shang tǎngzhe kàn shū.
④我 经常 在 沙发 上 躺着 看 书。　　　　　　　　　　　　　　沙发：ソファー

4

Nǐ búyào tǎngzhe kàn shū, duì yǎnjing bù hǎo.
你 不要 躺着 看书, 对 眼睛 不 好。

| tǎngzhe 躺着 | chī dōngxi 吃 东西 | duì xiāohuà bù hǎo 对 消化 不 好 |
| zǒuzhe 走着 | kàn shū 看 书 | hěn wēixiǎn 很 危险 |

Nǐ bié dānxīn, wǒ huì zhùyì de.
你 别 担心, 我 会 注意 的。

不要 búyào 副 ～しないで
躺 tǎng 動 横になる
对 duì 介 ～に(対して)
眼睛 yǎnjing 名 目
消化 xiāohuà 動 消化する
危险 wēixiǎn 形 危険である
担心 dān//xīn 動 心配する
会～的 huì～de 助動 ～するだろう、～のはずだ
「文法ノート4"会"の発展した用法②」を参照のこと。
注意 zhù//yì 動 注意する

C 禁止をあらわす副詞 "别" と "不要"

"别" / "不要" ＋動詞 　「～するな」「～してはいけない」

Bié zháojí, mànmanr lái.
别 着急, 慢慢儿 来。

Bié xiǎng le.
别 想 了。

Bié kāi wánxiào!
别 开 玩笑!

着急：焦る、急ぐ
想：考える、思う
慢慢儿：ゆっくりと
开玩笑：からかう
生气：怒る、腹を立てる

Xiànzài zhèngzài shàngkè, nǐmen búyào shuōhuà.
现在 正在 上课, 你们 不要 说话。

Nǐ búyào shēngqì.
你 不要 生气。

Qǐng búyào chōuyān.
请 不要 抽烟。

＊ "别～了"（～するな）の形でよく使われる。

練習03

次の中国語文に続く文を、後ろの日本語と同じ意味になるように、中国語に訳しましょう。

Hējiǔ yǐhòu,
①喝酒 以后, ＿＿＿＿＿＿＿＿＿＿＿＿＿＿＿＿＿。　車を運転してはいけません。

Míngtiān yǒu qīmò kǎoshì,
②明天 有 期末 考试, ＿＿＿＿＿＿＿＿＿＿＿＿＿＿＿。　遅刻しないで。

Wǒmen hái yǒu shíjiān,
③我们 还 有 时间, ＿＿＿＿＿＿＿＿＿＿＿＿＿＿＿＿＿。　焦らないで。

hěn wēixiǎn.
④＿＿＿＿＿＿＿＿＿＿＿＿＿＿＿＿＿, 很 危险。　歩きながら携帯を見てはいけません。

期末：期末

5

Wèi shénme nǐ méi lái shàngkè?
为什么你没来上课？

nàme xiǎng kāichē
那么想开车

huì shuō Fǎyǔ
会说法语

Yīnwèi wǒ fāshāo le, suǒyǐ méi lái.
因为我发烧了，所以没来。

gāng nádào jiàzhào
刚拿到驾照

hěn xiǎng kāichē
很想开车

xiǎo de shíhòu zài Fǎguó zhùguo
小的时候在法国住过

huì shuō yìdiǎnr
会说一点儿

为什么 wèi shénme なぜ？どうして？
法语 Fǎyǔ 名 フランス語
因为 yīnwèi 接 〜なので
发烧 fāshāo 動 熱が出る
所以 suǒyǐ 接 だから〜
刚 gāng 副 〜したばかりである
拿到 nádào 取得する
驾照 jiàzhào 名 運転免許証
小 xiǎo 名 子供

文法

D 因果関係をあらわす "因为〜，所以…"

"因为"か"所以"のどちらかを、省略してもよい。

"因为" ＋〔原因・理由を述べる文〕，"所以" ＋〔結果・結論を述べる文〕　「〜なので、だから…」

Yīnwèi gǎnmào le, suǒyǐ wǒ xiǎng zǎo diǎnr huí jiā.
因为感冒了，所以我想早点儿回家。

(yīnwèi) Xià yǔ le, suǒyǐ gǎitiān zài qù hǎibiānr ba.
（因为）下雨了，所以改天再去海边儿吧。

Yīnwèi zhōngwǔ chīle hěn duō cài, (suǒyǐ) wǒ dùzi hái méi è.
因为中午吃了很多菜，（所以）我肚子还没饿。

改天：いずれ（また）、他日
海边儿：海

練習04
次の語を「，」の前後ごとに並び替えて、日本語と同じ意味の文にしましょう。

① 〔得／因为／起／晚〕，〔迟到／所以／了／我〕
de yīnwèi qǐ wǎn　chídào suǒyǐ le wǒ
起きるのが遅かったので、遅刻しました。

② 〔不好／因为／昨天／身体〕，〔上课／我／来／没／所以〕
bùhǎo yīnwèi zuótiān shēntǐ　shàngkè wǒ lái méi suǒyǐ
昨日体の具合が悪かったので、授業に来ませんでした。

③ 〔件／告诉／他／因为／没／事儿／我们／那〕，〔不／都／知道／我们／所以〕
jiàn gàosu tā yīnwèi méi shìr wǒmen nà　bù dōu zhīdao wǒmen suǒyǐ
彼が私達に言わなかったので、私達はそのことを知りません。

数詞 2

100	yì bǎi 一百	1000	yìqiān 一千	10000	yíwàn 一万
101	yì bǎi líng yī 一百零一	1001	yì qiān líng yī 一千零一	10001	yíwàn líng yī 一万零一
110	yì bǎi yī shí 一百一（十）	1010	yì qiān líng yī shí 一千零一十	10100	yíwàn líng yì bǎi 一万零一百
200	èr bǎi liǎngbǎi 二百／两百	1200	yìqiān èr bǎi 一千二（百）	20000	liǎngwàn 两万
2000	liǎngqiān 两千	2200	liǎngqiān èr bǎi 两千二（百）	22000	liǎngwàn èr qiān 两万二（千）

【単語練習】習った単語の簡体字とピンインを書き入れましょう。

日本語	簡体字	ピンイン
危険である		
焦る、急ぐ		
いずれ		
地図		
壁		
乗車券、切符		
授業をする		
ドア		
海		
心配する		

日本語	簡体字	ピンイン
ゆっくりと		
からかう		
着る、はく		
考える		
期末試験		
通知、知らせ		
太極拳		
腹を立てる		
知っている		
水道水		

第十三课 汉语，你听得懂吗？

Dì shísān kè　Hànyǔ, nǐ tīngdedǒng ma?

A

Wǒ shuō de Hànyǔ, nǐ tīngdedǒng ma?
我 说 的 汉语，你 听得懂 吗？

Zhè běn Zhōngwén shū — kàndedǒng
这 本 中 文 书　　　看得懂

Wǒ tīngdǒng le yìdiǎnr, dàbùfen tīngbudǒng.
我 听懂 了 一点儿，大部分 听不懂。

kàndǒng　看懂　　　kànbudǒng　看不懂

- 听得懂 tīngdedǒng　聞いてわかる
- 看得懂 kàndedǒng　読んでわかる、見てわかる
- 大部分 dàbùfen　副　ほとんど
- 听不懂 tīngbudǒng　聞いてわからない
- 看不懂 kànbudǒng　読んでわからない、見てわからない

文法

A 可能補語

動作の可能・不可能をあらわす表現。

【肯定】　動詞＋"得 de"＋結果補語／方向補語　「〜できる」

【否定】　動詞＋"不"＋結果補語／方向補語　「〜できない」

結果／方向補語	【肯定】	【否定】	
zuòwán 做完→	zuòdewán 做得完	zuòbuwán 做不完	Wǒ zuòbuwán zhème duō zuòyè. 我 做不完 这么 多 作业。
tīngdǒng 听懂→	tīngdedǒng 听得懂	tīngbudǒng 听不懂	Wǒ shuōdehuà, nǐ tīngdedǒng ma? 我 说的话，你 听得懂 吗？
kànqīngchu 看清楚→	kàndeqīngchu 看得清楚	kànbuqīngchu 看不清楚	Hēibǎn shang de zì, nǐ kàndeqīngchu ma? 黑板 上 的 字，你 看得清楚 吗？
huílái 回来→	huídelái 回得来	huíbulái 回不来	Qī diǎn yǐqián, nǐ huídelái huíbulái? 七 点 以前，你 回得来 回不来？
deliǎo V 得了 〜しきれる	chīdeliǎo 吃得了	chībuliǎo 吃不了	Wǒ chībuliǎo zhème duō cài. 我 吃不了 这么 多 菜。

練習01　次の単語を日本語に訳し、否定形を書き、その日本語の意味も書きましょう。

　　　　　　　　日本語　　　　　　否定形　　　　　　日本語

① tīngdeqīngchu
听得清楚　＿＿＿＿＿　〔　　　　〕　＿＿＿＿＿

② kàndejiàn
看得见　＿＿＿＿＿　〔　　　　〕　＿＿＿＿＿

③ zhǎodedào
找得到　＿＿＿＿＿　〔　　　　〕　＿＿＿＿＿

文法 第十三课

- A 可能補語　B 動詞＋"在"
- C 義務・必要性をあらわす助動詞 "要" "得" "应该"
- D 存現文　E 仮定をあらわす "如果～（的话），（就）…"

2 B

Nǐ zhùzài nǎr?
你 住在 哪儿？

Wǒ zhùzài Dōngjīng.
我 住在 东京。

Qíyù	Qiānyè	Cíchéng	Shénnàichuān
埼玉 /	千叶 /	茨城 /	神奈川

～在 zài （場所）に～している
埼玉 Qíyù 固 埼玉
千叶 Qiānyè 固 千葉
茨城 Cíchéng 固 茨城
神奈川 Shénnàichuān 固 神奈川

B 動詞＋"在"

動詞＋"在"＋場所　「(場所)に～する」「(場所)に～している」

動作・行為がある場所に落ち着くことをあらわす。

＊可能補語にはなれない。

zuòzài	zhànzài	zhùzài
坐在 ～に座る	站在 ～に立つ	住在 ～に住む
guàzài	tiēzài	fàngzài
挂在 ～にかける	贴在 ～に貼る	放在 ～に置く

動態（変化）「～する」と、静態（状態）「～している」を表現する。

〔変化〕
Nǐ zuòzài shāfā shang ba.
你 坐在 沙发 上 吧。
ソファーに座りなさい。

Wǒ tǎngzài chuáng shang le.
我 躺在 床 上 了。
私はベッドに横になった。

床：ベッド

〔状態〕
Tā yìzhí zuòzài shāfā shang.
他 一直 坐在 沙发 上。
彼はずっとソファーに座っている。

Jiějie tǎngzài chuáng shang kàn shū.
姐姐 躺在 床 上 看书。
姉はベッドに横になって本を読んでいる。

練習02

日本語と同じ意味になるように、次の語を並べ替えましょう。

　　　　zài tā Běijīng fàndiàn zhù
① 〔在 ／ 她 ／ 北京饭店 ／ 住〕 _____
彼女は北京飯店に泊まっている。

　　　　shēng zhǎng zài zài Xiǎolín Běijīng Dōngjīng
② 〔生 ／ 长 ／ 在 ／ 在 ／ 小林 ／ 北京 ／ 东京〕 _____
小林さんは北京で生まれて、東京で育った。

长：成長する、育つ

3 B

Shéi shì Xiǎo Zhāng?
谁是小张？

Zhànzài zuǒbianr de (rén) jiù shi tā.
站在 左边儿 的（人）就 是 他。

Zuò qiánbianr
坐   前边儿

站 zhàn 動 立つ
就 jiù 副 〔肯定を強める〕まさに、他でもなく

文法

　　　　wǒ Wáng lǎoshī zài de yòubianr jiù shi zhàn
③〔我／王老师／在／的／右边儿／就是／站〕＿＿＿＿＿＿＿＿＿＿
私の右側に立っているのが王先生です。

　　　　zhuōzi shang zài de bǎi zhàopiàn le wǒmen
④〔桌子／上／在／的／摆／照片／了／我们〕＿＿＿＿＿＿＿＿＿＿
私たちの写真は机の上に置いておいた。

摆：並べる、置く
照片：写真

　　　　zuò ba liáotiānr zài nàr wǒmen
⑤〔坐／吧／聊天儿／在／那儿／我们〕＿＿＿＿＿＿＿＿＿＿
あそこに座っておしゃべりしましょう。

練習03
①～⑤の"V着"の文を、"V在"の文に書き替えましょう。

Tā zài shāfā shang zuòzhe.
①他 在 沙发 上 坐着。＿＿＿＿＿＿＿＿＿＿

Dìtú zài qiáng shang tiēzhe.
②地图 在 墙 上 贴着。＿＿＿＿＿＿＿＿＿＿

Lǎoshī zài qiánmian zhànzhe jiǎngkè.
③老师 在 前面 站着 讲课。＿＿＿＿＿＿＿＿＿＿

Wǒ zài chuáng shang tǎngzhe kàn shū.
④我 在 床 上 躺着 看书。＿＿＿＿＿＿＿＿＿＿

Zài zuǒbianr zhànzhe de rén jiù shi tā.
⑤在 左边儿 站着 的 人 就 是 他。＿＿＿＿＿＿＿＿＿＿

4

C

Hòutiān nǐ děi qù xuéxiào ba.
后天 你 得 去 学校 吧。

jiāo zuòyè
交 作业

xiěwán bàogào
写完 报告

Hòutiān búyòng qù, dàhòutiān děi qù.
后天 不用 去，大后天 得 去。

jiāo
交

xiěwán
写完

jiāo
交

xiěwán
写完

得 děi　助動　〜しなければならない
后天 hòutiān　名　あさって
交 jiāo　動　提出する
作业 zuòyè　名　宿題
写完 xiěwán　書き終わる
报告 bàogào　名　レポート
不用 búyòng　副　〜する必要がない、〜するに及ばない
大后天 dàhòutiān　名　しあさって

練習04

左側の文に続くものとして、右側から最もふさわしいものを選びつなげましょう。

① Xiězài hēibǎn shang de zì tài xiǎo le,
　写在 黑板 上 的 字 太 小 了，・

② Fàngzài ménkǒu de xíngli,
　放在 门口 的 行李，・

③ Bǎizài zhuōzi shang de cài tài duō le,
　摆在 桌子 上 的 菜 太 多 了，・

④ Xiězài huà li de shī,
　写在 画 里 的 诗，・

・ Wǒ chībuliǎo.
　我 吃不了。

・ Wǒ kànbuqīngchu.
　我 看不清楚。

・ Nǐ kàndedǒng ma?
　你 看得懂 吗？

・ Nǐ yí ge rén bāndedòng ma?
　你 一个人 搬得动 吗？

黑板：黒板
门口：入口
画：絵
搬动：運ぶ

C　義務・必要性をあらわす助動詞 "要""得""应该"

〔1〕"要"　"要"＋動詞　「〜しなければならない」

Wǒ yào mǎi Hàn-Rì cídiǎn.
我 要 买 汉日 词典。

Míngtiān wǒ yào xiě bàogào.
明天 我 要 写 报告。

Wǎnshang nǐ yào qù dǎgōng ma?
晚上 你 要 去 打工 吗？

Wǎnshang búyòng qù.
——晚上 不用 去。

＊"不要" は禁止表現（〜するな）なので、否定は全て、"不用"「〜する必要がない」を用いる。

〔2〕"得 děi"　"得 děi"＋動詞　「〜しなければならない」口語的要素が強い

Wǒ děi huí jiā.
我 得 回 家。

Hòutiān wǒ yǒu kǎoshì, děi fùxí gōngkè.
后天 我 有 考试，得 复习 功课。

Míngtiān nǐ děi jiāo bàogào ba.
明天 你 得 交 报告 吧。

Míngtiān búyòng jiāo.
——明天 不用 交。

＊"不得" という言い方はしない。

5

Wǒ míngtiān bù néng lái dǎgōng.
我 明天 不 能 来 打工。

zuìjìn yòu pàng le
最近 又 胖 了

xiǎng qù hěn duō guójiā kànkan
想 去 很 多 国家 看看

Nǐ yīnggāi qǐngjià.
你 应该 请假。

jiǎnféi
减肥

xuéhǎo wàiyǔ, duō zhèngqián
学好 外语, 多 挣钱

最近 zuìjìn　名 最近、この頃
又 yòu　副 また
胖 pàng　形 太っている
国家 guójiā　名 国、国家
应该 yīnggāi　助動 〜すべきだ
请假 qǐng//jià　動 休みをもらう、休暇を取る
减肥 jiǎnféi　動 ダイエットする
外语 wàiyǔ　名 外国語
挣 zhèng　動 (働いて)稼ぐ

文法

〔3〕"应该"　　"应该"＋動詞　　(道理からいうと)「〜(当然)すべきだ」「〜したほうがいい」

Wǒ yīnggāi zěnme bàn?
我 应该 怎么 办？

Tā bù yīnggāi hē jiǔ.
他 不 应该 喝 酒。

Wǒ yīnggāi qù jiàn tā ma?
我 应该 去 见 他 吗？

Nǐ yīnggāi qù. Nǐ búyòng qù.
——你 应该 去。/你 不用 去。

Búyòng xiè, zhè shì wǒ yīnggāi zuò de (shì).
不用 谢，这 是 我 应该 做 的 (事)。

＊"得"よりも義務性は強くない。勧告や激励をする場面でも使う。

練習03

日本語と同じ意味になるように、次の語を並べ替えましょう。

① 〔什么／要／买／你〕 _____
shénme yào mǎi nǐ
あなたは何を買いますか？

② 〔十九／才／岁／你／抽烟／应该／不〕 _____
shíjiǔ cái suì nǐ chōuyān yīnggāi bù
あなたはまだ19歳なので、タバコを吸うべきではありません。

③ 〔看病／我／去／明天／医院／得〕 _____
kànbìng wǒ qù míngtiān yīyuàn děi
明日、私は病院に、診察を受けにいかなければならない。

④ 〔你／我／东西／这么／给／多／不用〕 _____
Nǐ wǒ dōngxi zhème gěi duō bú yòng
あなたは、私にこんなに沢山の物を、送る必要はありません。

6

Jiàoshì li yǒu rén ma?
教室 里 有 人 吗？
（Fángjiān 房间）

Yǒu. Jiàoshì li zuòzhe hěn duō rén.
有。教室 里 坐着 很 多 人。
（Fángjiān 房间）（zhànzhe 站着）（bù shǎo 不 少）

房间 fángjiān 名 部屋

D 存現文

〔1〕「存在」 場所＋動詞＋人／モノ 〔〔場所〕に〔人／モノ〕が～〕

ある人やある物が存在する有り様を、具体的に叙述する。

Jiàoshì li yǒu hěn duō xuésheng.
教室 里 有 很 多 学生。

Jiàoshì li zhànzhe hěn duō xuésheng.
教室 里 站着 很 多 学生。

Jiàoshì li zuòzhe hěn duō xuésheng.
教室 里 坐着 很 多 学生。

Qiáng shang yǒu yì zhāng zhàopiàn.
墙 上 有 一 张 照片。

Qiáng shang tiēzhe yì zhāng dìtú.
墙 上 贴着 一 张 地图。

Qiáng shang guàzhe yì fú huà.
墙 上 挂着 一 幅 画。

幅：～枚、～幅（布地や絵画を数える）

〔2〕「出現・消失」 場所／時間＋動詞＋人／モノ

特定の場所または時間に、ある人やある物が現れ出る、または消え失せることを叙述する。

Qiánbianr láile yí liàng chē.
前边儿 来了 一 辆 车。

Gāngcái láile yí wèi kèrén.
刚才 来了 一 位 客人。

Wǒmen xuéxiào fāshēngle yí ge wèntí.
我们 学校 发生了 一 个 问题。

Zhèr shǎole yì zhāng zhuōzi.
这儿 少了 一 张 桌子。

辆：～台（車を数える）
发生：発生する
刚才：先ほど
客人：客、お客さん
少：不足する、なくなる

7
Rúguǒ nǐ bú qù (dehuà), jiù gěi wǒ dǎ diànhuà ba.
如果 你 <u>不去</u>（的话），就 <u>给 我 打 电话</u> 吧。

xǐhuan
喜欢

sònggěi nǐ
送给 你

yǒu wèntí
有 问题

zhǎo wǒ
找 我

Hǎo de.　Zhīdao le.
好 的。　知道 了。

Búyòng
不用

Nǐ yòng ba
你 用 吧

Hǎo de
好 的

Xièxie nín
谢谢 您

如果 rúguǒ 接 もしも、もし～ならば
的话 dehuà 助 ～ということなら
就 jiù 副 ～ならば…する（複文の後半に用い、結論を示す）
找 zhǎo 動 訪ねる
用 yòng 動 使う、用いる
知道 zhīdao 動 わかる、知っている

文法

練習06

日本語と同じ意味になるように、次の語を並べ替えましょう。

① 〔一张／贴／地图／墙／着／上〕
　yì zhāng　tiē　dìtú　qiáng　zhe　shang
　壁に地図が1枚貼ってある。

② 〔事儿／发生／什么／昨天／了〕
　shìr　fāshēng　shénme　zuótiān　le
　昨日何ごとが起こったのですか？

③ 〔筷子／少／一 双／了／这儿〕
　kuàizi　shǎo　yì shuāng　le　zhèr
　ここではお箸が一膳不足しています。

④ 〔人／前／了／一个／来／边儿〕
　rén　qián　le　yí ge　lái　biānr
　前から人が来た。

E 仮定をあらわす"如果～（的话），（就）…"

如果〔仮定をあらわす文〕（的话），（就）… 「もし～ならば、…」

　仮定をあらわす接続詞。文の前半で"如果～（的话）"を用いて仮定的な条件をあらわし、後半で結論をしめす。"如果"に呼応する形で"就"が用いられることが多い。

Rúguǒ wǒ méi jìcuò dehuà, jīntiān shì nǐ de shēngrì ba.
如果 我 没 记错 **的话**，今天 是 你 的 生日 吧。

记错：記憶違い（する）

Rúguǒ nǐ xiǎng xuéhǎo Hànyǔ, jiù yīnggāi duō tīng, duō shuō, duō kàn, duō xiě.
如果 你 想 学好 汉语，**就** 应该 多 听，多 说，多 看，多 写。

★ "要是～（的话），（就）…"も仮定をあらわす。
Yàoshi nǐ (shì wǒ) de huà, nǐ zěnme bàn?
要是 你（是 我）**的话**，你 怎么 办？
Yàoshi míngtiān tiānqì hǎo de huà, wǒ jiù xǐ yīfu.
要是 明天 天气 好 **的话**，我 **就** 洗 衣服。

練習07

 次の2つの文のうち前の文を「仮定」とし、"如果～,就"を使って1文にし、日本語に訳しましょう。

① 〔Míngtiān xiàyǔ. / Wǒ bú qù le.
    明天 下雨。／我 不 去 了。〕

_____

② 〔Xīngqītiān nǐ méiyǒu shìr. / Hé wǒ yìqǐ chūqù ba.
    星期天 你 没有 事儿。／和 我 一起 出去 吧。〕

_____

③ 〔Nǐ yuànyì. / Wǒmen zài zhèr chī ba.
    你 愿意。／我们 在 这儿 吃 吧。〕

愿意：望む、希望する

_____

④ 〔Nǐ hái néng chī. / Duō chī diǎnr.
    你 还 能 吃。／多 吃 点儿。〕

_____

関連単語

节日 jiérì：祝祭日

过黄金周 guò huángjīnzhōu　ゴールデンウィークを過ごす
过国庆节 guò Guóqìngjié　建国記念日を過ごす
过年 guò//nián　新年を祝う、年を越す
过圣诞节 guò Shèngdànjié　クリスマスを過ごす
过成人节 guò Chéngrénjié　成人の日を過ごす
过春节 guò Chūnjié　旧正月、春節を過ごす

 【単語練習】習った単語の簡体字とピンインを書き入れよう。

日本語	簡体字	ピンイン
不足する		
並べる		
先ほど		
発生する		
1枚の絵		
ベッド		

日本語	簡体字	ピンイン
入口		
運ぶ		
成長する		
写真		
1台の車		
記憶違い(する)		

第十四课 我把钥匙丢了
Dì shísì kè　　Wǒ bǎ yàoshi diū le

Wàibianr tài chǎonào le.
外边儿 太 吵闹 了。

| Wūzi li | àn |
| 屋子 里 | 暗 |

| Jiàoshì li | rè |
| 教室 里 | 热 |

Bǎ chuānghu　　guānshang ba.
把 窗户　　关上 吧。

| dēng |
| 灯 |

| dǎkāi |
| 打开 |

| kōngtiáo de wēndù | tiáo yíxià |
| 空调 的 温度 | 调 一下 |

吵闹 chǎonào 形 騒がしい、騒々しい
屋子 wūzi 名 部屋
暗 àn 形 暗い
把 bǎ 介 〜を(…する)
关上 guānshang （ぴったりと）閉める、閉じる
空调 kōngtiáo 名 エアコン、空調
温度 wēndù 名 温度
调 tiáo 動 調節する、調整する

文法

A "把"構文

主語＋"把"＋目的語〔特定のモノ〕＋動詞＋α 　「〔特定のモノ〕を〔どのように〕する」

ある対象（目的語）に対して、何らかの処理を働きかけ、ある結果を引き起こすことをあらわす。
❶目的語は特定・既知のもの
❷動詞は、その後ろに付加成分が必要

Bǎ mén guānshang.
把 门 关上。

Wǒ bǎ yàoshi diū le.
我 把 钥匙 丢 了。

Wǒ bǎ fēijīpiào fàngzài shūbāo li.
我 把 飞机票 放在 书包 里。

Wǒ bǎ nàxiē shū dōu zhǎodào le.
我 把 那些 书 都 找到 了。

"没（有）"/"不"/助動詞＋"把"

Tā méi bǎ nà jiàn shìr gàosu biérén.
他 没 把 那 件 事儿 告诉 别人。

Nǐ bù bǎ zuòyè zuòwán, jiù bié qù wánr!
你 不 把 作业 做完, 就 别 去 玩儿! （仮定）

Wǒ yào bǎ rìyuán huànchéng rénmínbì.
我 要 把 日元 换成 人民币。

＊否定の"没（有）""不"や助動詞は、"把"の前におく。

换成：換える
人民币：人民元

文法 第十四課

A "把" 構文　B 近接未来の表現 "就要〜了" ほか
C "觉得" "认为" などの動詞　D "有点儿"

2
A

🐼 Wǒ bǎ yàoshi diū le, zhǎobudào le.
我 把 钥匙 丢 了，找不到 了。

yuèpiào
月票

qiánbāo
钱包

🐰 Nǐ méi bǎ yàoshi fàngzài shūbāo li ma?
你 没 把 钥匙 放在 书包 里 吗？

yuèpiào
月票

qiánbāo
钱包

丢 diū 動 なくす、紛失する
找不到 zhǎobudào 見つからない
月票 yuèpiào 名 定期券
钱包 qiánbāo 名 財布

練習01
日本語と同じ意味になるように、次の語を並べ替えましょう。

① Wǒ nǐ xiǎoshuō jiègěi zhè běn bǎ
我〔你／小说／借给／这 本／把〕。 ＿＿＿＿＿＿＿＿＿＿＿＿＿＿＿＿
私はこの小説をあなたに貸します。

② huànchéng rìyuán rénmínbì bǎ néng bu néng
〔换成／日元／人民币／把／能 不 能〕？ ＿＿＿＿＿＿＿＿＿＿＿＿＿＿＿＿
日本円を人民元に換えられますか？

③ Nǐ bǎ biérén shìr búyào zhè jiàn gàosu
你〔把／别人／事儿／不要／这 件／告诉〕。 ＿＿＿＿＿＿＿＿＿＿＿＿＿＿＿＿　别人：他の人
あなたはこのことを他の人に言ってはいけません。

④ Wǒ zuòwán de le bǎ zuótiān zuòyè
我〔做完／的／了／把／昨天／作业〕。 ＿＿＿＿＿＿＿＿＿＿＿＿＿＿＿＿
私は昨日の宿題をやりおえました。

⑤ Wǒ nǐ fàngzài le cídiǎn bǎ shūbāo li de
我〔你／放在／了／词典／把／书包／里／的〕。 ＿＿＿＿＿＿＿＿＿＿＿＿＿＿＿＿
私はあなたの辞書をカバンに入れました。

3 B

Nǐ xià ge xīngqī jiùyào kǎoshì le, zhǔnbèi de zěnmeyàng?
你 下 个 星期 就要 考试 了，准备 得 怎么样？

bǐsài
比赛

qù lǚxíng
去 旅行

Wǒ zhǔnbèi de hái kěyǐ.
我 准备 得 还 可以。

就要~了 jiùyào~le　もうすぐ~だ
考试 kǎoshì 〔動〕試験を受ける、テストをする
准备 zhǔnbèi 〔動〕準備する
比赛 bǐsài 〔動〕試合をする
还可以 hái kěyǐ　まずまずよい

文法

B 近接未来の表現 "就要~了" ほか

"就要" ＋動詞（＋目的語）＋ "了"。　「もうすぐ~する／になる」

何らかの事態がまもなく発生することをあらわす。多くの場合、前に時間をあらわす言葉をともなう。

Huǒchē mǎshàng jiùyào lái le.
火车 马上 就要 来 了。

Nǐmen xià ge xīngqī jiùyào kǎoshì le.
你们 下 个 星期 就要 考试 了。

火车：列车、汽车
马上：すぐ、直ちに

● "要~了" "快要~了" "快~了"「もうすぐ~する／になる」

Tā yào huílai le.
他 要 回来 了。

Yào xià yǔ le.
要 下 雨 了。

Tā kuàiyào bìyè le.
他 快要 毕业 了。

Chūntiān kuàiyào dào le.
春天 快要 到 了。

毕业：卒業する

Kuài shíyī diǎn le.
快 十一 点 了。

Kuài Shèngdànjié le.
快 圣诞节 了。

＊"就要~了" のように、具体的な時間をあらわす言葉と組み合わせることができない。

＊"快~了" は、形容詞や時や季節をあらわすような「名詞」を挟むことができる。

練習02

正しい位置に "要" か "就要" を入れ、日本語に訳しましょう。

① (　) 电车 (　) 来 (　) 了。　_____
　　　diànchē　　　　lái　　　　le.

② (　) 过 (　) 年 (　) 了。　_____　过年：新年を祝う
　　　guò　　　　nián　　　le.

③ (　) 爸爸 (　) 回来 (　) 了。　_____
　　　bàba　　　　huílai　　　le.

4

C

Nǐ juéde nǎ jiàn yīfu hǎo?
你 觉得 哪件 衣服 好？

nǎge cài
哪个 菜

nǎ běn xiǎoshuō
哪本 小说

Wǒ juéde zhè jiàn hěn shìhé nǐ.
我 觉得 这件 很 适合 你。

zhège
这个

hěn hǎochī
很 好吃

zhè běn
这本

hěn yǒu yìsi
很 有 意思

觉得 juéde 動 ～と思う
适合 shìhé 動 ちょうど合う

　　　　　xià ge yuè　　　fàng　　shǔjià le.
④（　　）下个月（　　）放（　　）暑假了。　　　　　　　　　放：休みになる

Tā　　xià ge xīngqī　　huí　　guó le.
⑤他（　　）下个星期（　　）回（　　）国了。

C "觉得""认为"などの動詞

人や物事に対して、ある感じ方や見方を示すときに用いる。

"觉得"／"认为"＋文　　　"觉得"「～と思う」「～と感じる」　"认为"「～と考える」「～と思う」

Wǒ juéde Hànyǔ bú tài nán.
我 觉得 汉语 不太 难。

Nà ge gōngzuò, nǐ juéde zěnmeyàng?
那个 工作，你 觉得 怎么样？

Wǒ bù juéde zhège cài hěn là.
我 不 觉得 这个 菜 很 辣。

Dàjiā dōu rènwéi nà shì hǎo zhǔyi.
大家 都 认为 那 是 好 主意。

难：難しい
辣：辛い
主意：考え

練習03

中国語に訳しましょう。

①私は問題ないと思う。　　　　　　　　　　＿＿＿＿＿＿＿＿＿＿＿＿＿＿＿＿＿＿＿

②このニュース、あなたはどう思う？　　　　＿＿＿＿＿＿＿＿＿＿＿＿＿＿＿＿＿＿＿　　　ニュース：消息 xiāoxi

③私はこれが美味しいと思わない。　　　　　＿＿＿＿＿＿＿＿＿＿＿＿＿＿＿＿＿＿＿

④みんなは中国語の発音は難しいと思う。　　＿＿＿＿＿＿＿＿＿＿＿＿＿＿＿＿＿＿＿　　　発音：发音 fāyīn

5 D

Jīntiān yǒudiǎnr lěng.
今天 有点儿 冷。

zhège 这个
guì 贵
zhè bēi chá 这杯茶
rè 热

Nà wǒ duō chuān diǎnr ba.
那 我 多 穿 点儿 吧。

zài kànkan bié de
再 看看 别的

mànmanr hē
慢慢儿 喝

有点儿 yǒudiǎnr 副 ちょっと、少し
那 nà 接 それでは、それなら
别的 bié de 他の（もの）
穿 chuān 動 （衣服を）着る
慢慢儿 mànmanr 形 ゆっくりと、急がずに

文法

D "有点儿"

好ましくない・望まない状況をあらわす。

"有点儿" ＋形容詞／動詞 　「ちょっと～」

Zhège cài yǒudiǎnr là.
这个 菜 **有点儿** 辣。

Zhè jiàn yīfu yǒudiǎnr dà.
这 件 衣服 **有点儿** 大。

Shēntǐ yǒudiǎnr bù shūfu.
身体 **有点儿** 不 舒服。

Wǒ yǒudiǎnr fāshāo le.
我 **有点儿** 发烧 了。

> ★ "一点儿"「ちょっと～」は、客観的な意味をあらわす。
>
> 形容詞／動詞＋"（一）点儿"
>
> Tài guì le piányi (yì)diǎnr ba.
> 太 贵 了，便宜 （一）点儿 吧。
>
> Wǒ yào dà (yì)diǎnr de
> 我 要 大 （一）点儿 的。

練習04

日本語と同じ意味になるように、正しい位置に "有点儿" か "一点儿" を入れましょう。

① （　　）我（ wǒ ）好（ hǎo ）了（ le ）。　　　　私はちょっとよくなった。

② （　　）我（ wǒ ）胖（ pàng ）了（ le ）。　　　　私はちょっと太った。

③ （　　）你（ nǐ ）走得（ zǒude ）快（ kuài ）吧（ ba ）。　　あなたはもう少し速く歩きましょう。

④ （　　）这 杯 水（ zhè bēi shuǐ ）凉（ liáng ）（　　）。　　この水はちょっと冷たい。

校园生活 xiàoyuán shēnghuó ：学園生活

放假 fàng//jià　休みになる

过春假 guò chūnjià　春休みを過ごす

毕业 bì//yè　卒業する

参加社团 cānjiā shètuán　部活・サークルに参加する

集训 jíxùn　合宿して訓練する

过校园艺术节 guò xiàoyuán yìshùjié　学園祭を過ごす

【単語練習】習った語の簡体字とピンインを書き入れましょう。

日本語	簡体字	ピンイン
換える		
人民元		
考え		
部屋		
暗い		
エアコン		
鍵		
準備する		
試合をする		
まずまずよい		

日本語	簡体字	ピンイン
すぐ、直ちに		
卒業する		
新年を祝う		
辛い		
騒がしい		
ちょうど合う		
見つからない		
財布		
調節する		
なくす		

第十五课　请帮我拍张照片
Dì shíwǔ kè　Qǐng bāng wǒ pāi zhāng zhàopiàn

1 A

(我) 请 (你) 帮 我 拍张 照片，可以 吗？
(wǒ) Qǐng (nǐ) bāng wǒ pāi zhāng zhàopiàn, kěyǐ ma?

zuò ge cài
做 个 菜

ná běn shū
拿 本 书

可以 可以，我 很 愿意 帮 你。
Kěyǐ kěyǐ, wǒ hěn yuànyì bāng nǐ.

- 请 qǐng 動 頼む、お願いする
- 帮 bāng 動 助ける、手伝う
- 拍 pāi 動 撮る、撮影する
- 照片 zhàopiàn 名 写真
- 愿意 yuànyì 助動 喜んで〜する、〜したい

文法

A　兼語文 "请" と "让"

（A［主語］）＋ "请" ＋ B［兼語］＋動詞（＋目的語）　「AはBに〜してもらう／Bを招待する／Bにおごる」

我 请 中国 朋友 教 汉语。
Wǒ qǐng Zhōngguó péngyou jiāo Hànyǔ.

*否定文は "不"／"没（有）" を "请" の前に置く。

			兼語		
①	S₁ 我	V₁ 请	O₁ 中国朋友		
②			S₂ 中国朋友	V₂ 教	O₂ 汉语

*"中国朋友" は "请"（頼む）の目的語であり、意味の上では "教"（教える）の主語も兼ねているので、「兼語」と呼ばれる。

我 请 你 吃饭。　　　　他 请 我 去 他 家 玩儿。
Wǒ qǐng nǐ chīfàn.　　　Tā qǐng wǒ qù tā jiā wánr.

我 没 请 他 来。　　　　(我) 请 (你) 帮 我 照 张 相。
Wǒ méi qǐng tā lái.　　　(wǒ) Qǐng (nǐ) bāng wǒ zhào zhāng xiàng.

A［主語］＋ "让" ＋ B［兼語］＋動詞（＋目的語）　「AはBに〜させる」（使役）

爸爸 让 我 学 中文。　　　我 不 想 让 她 一 个 人 去。
Bàba ràng wǒ xué Zhōngwén.　Wǒ bù xiǎng ràng tā yí ge rén qù.

妈妈 不 让 我 玩儿 游戏。　　爸爸 没 让 妹妹 去 留学。
Māma bú ràng wǒ wánr yóuxì.　Bàba méi ràng mèimei qù liúxué.

★ "让" は、その人［兼語］の望みどおりに「そうさせてあげる（してもらう）」ことを意味する。
　対して、その人の意思とは関わりなく「言いつけて〜させる」、「するよう命じる」ときは "叫" を使う。

妈妈 叫 我 去 买 猪肉。　　　老师 叫 我们 背 课文。
Māma jiào wǒ qù mǎi zhūròu.　Lǎoshī jiào wǒmen bèi kèwén.

文法 第十五课

A 兼語文 "请" と "让"　　B 逆接の言い方
C 方向補語（2）——目に見えない抽象的方向
D "越～越…"

2 A

Nǐ bàba ràng nǐ qù Zhōngguó liúxué ma?
你 爸爸 让 你 去 中国 留学 吗？

qù Táiwān lǚxíng
去 台湾 旅行

Bù, tā bú ràng wǒ qù Zhōngguó liúxué.
不，他 不 让 我 去 中国 留学。

Duì　　ràng　　qù Táiwān lǚyóu
对　　让　　去 台湾 旅游

让 ràng 動 ～に…させる
留学 liú//xué 動 留学する
旅游 lǚyóu 動 旅行する、観光する

練習01
日本語と同じ意味になるように、次の語を並べ替えましょう。

① dōngxi māma mǎi ràng qù wǒ
东西／妈妈／买／让／去／我 ＿＿＿＿＿＿＿＿
お母さんは、私に買い物に行かせる。

② chī wǒmen qǐng tā wǔfàn
吃／我们／请／他／午饭 ＿＿＿＿＿＿＿＿
彼は、私たちに昼食をご馳走してくれる。

③ yòng bāng xiě xìn qǐng wǒ nǐ Hànyǔ
用／帮／写信／请／我／你／汉语 ＿＿＿＿＿＿＿＿
私が中国語で手紙を書くのを、手伝って下さい。

④ bú yóuxì dìdi ràng wánr bà ba
不／游戏／弟弟／让／玩儿／爸爸 ＿＿＿＿＿＿＿＿
お父さんは、弟にゲームをさせない。

B 逆接の言い方

"虽然～,　但是"
　　　　　　 "可是" …。　「～ではあるけれど、しかし…」
　　　　　　 "不过"

"但是""可是""不过"は、いずれも逆接をあらわす接続詞。

Hànyǔ suīrán hěn nán, dànshì wǒ yào yídìng xuéhǎo.
汉语 虽然 很 难，**但是** 我 要 一定 学好。

Tā suīrán shì wàiguórén, kěshì hěn liǎojiě Rìběn wénhuà.
他 虽然 是 外国人，**可是** 很 了解 日本 文化。

Jīntiān suīrán tiānqì bù hǎo, búguò wǒ bù néng bú qù.
今天（虽然）天气 不 好，**不过** 我 不 能 不 去。

＊"虽然"を使って、ある事実をしめし、"但是"などで、その事実から推論・予想されるものとは異なる事実をしめす。

一定：必ず

3 B

Tā huì Hànyǔ ma?
他 会 汉语 吗？

Tā suīrán méi liúguo xué dànshì Hànyǔ shuō de tèbié hǎo.
他 虽然 没 留过 学，但是 汉语 说 得 特别 好。

| tīngbudǒng Hànyǔ | kàndedǒng Zhōngwénbào |
| 听不懂 汉语 | 看得懂 中文报 |

| Bú huì Hànyǔ | fēicháng liǎojiě Zhōngguó de qíngkuàng |
| 不 会 汉语 | 非常 了解 中国 的 情况 |

会 huì 動 できる
第九課A〔1〕の「重要ポイント」（*）を参照のこと。

虽然 suīrán 接 〜ではあるけれども

但是 dànshì 接 しかし、〜が

特别 tèbié 副 とりわけ、ことのほか

报 bào 名 新聞

了解 liǎojiě 動 理解する、知る

情况 qíngkuàng 名 状況、事情

文法

練習02 中国語に訳しましょう。

①私は6年間英語を学んだが、話すのは余り上手ではありません。

_____

②私は知っているけれども、あなたに教えられません。

_____

③この料理は、辛いけれども美味しい。

_____

④今私の中国語は余り上手ではないが、必ずマスターしたい。

_____

C 方向補語（2）——目に見えない抽象的方向

「目に見える具体的な方向」ではなく、「目に見えない抽象的方向」をあらわす。

上	目的の達成	kǎoshang dàxué 考上 大学 大学に受かる	chīshang fàn le 吃上 饭 了 食事にありついた	考：試験を受ける
	動作の始まりと継続	àishang 爱上 好きになる		爱：愛する
出来	無からの産出	xiǎngchulai 想出来 考えつく	shuōchulai 说出来 言い出す	
	判別、識別	kànchulai 看出来 見てわかる	tīngchulai 听出来 聞いてわかる	

4

Kèwén, nǐ bèixialai le ma?
课文，你背下来了吗？

Bàogào	xiěchulai
报告	写出来
Zuòyè	jiāoshangqu
作业	交上去

Wǒ hái méi bèixialai.
我还没背下来。

xiěchulai
写出来

jiāoshangqu
交上去

*背 bèi 動 暗唱する
背下来 bèixialai 暗唱する、暗唱しておく
写出来 xiěchulai 書き上がる
交上去 jiāoshangqu （上部に）提出する

下来	結果の残存	写下来 xiěxialai 文章に書いておく	留下来 liúxialai 残す、取っておく	记下来 jìxialai メモしておく
				写：書く
				记：記す、書き留める
过来	元の正常な状態に戻る	醒过来 xǐngguolai 意識を取り戻してくる	改过来 gǎiguolai 改める	醒：目が覚める
				改：正す、改める
起来	～しはじめる	忙起来 mángqilai 忙しくなる	说起来 shuōqilai 話しはじめる	
	～してみる	看起来 kànqilai 見たところ	吃起来 chīqilai 食べてみると	听起来 tīngqilai 聞くところ
	動作の完成・目的の達成	想起来 xiǎngqilai 思い出す	收起来 shōuqilai 片付ける	收：収める、片付ける

Xiǎngle bàntiān cái xiǎngchulai.　　Wǒ méi kànchulai tā shì Rìběnrén.
想了 半天 才 想出来。　　我 没 看出来 她 是 日本人。　　才：やっと

Wǒ yīnggāi bǎ lǎoshī de huà xiěxialai.　　Shuōqilai róngyì, zuòqilai nán.
我 应该 把 老师 的 话 写下来。　　说起来 容易，做起来 难。

Tā de míngzì, Nǐ xiǎngqilai le ma?　　Bù xíng, wǒ xiǎngbuqǐlai.
他 的 名字，你 想起来 了 吗？　　——不 行，我 想不起来。

練習03
日本語の意味になるように、（　）に方向補語を使った中国語を入れましょう。

① Wǒ　　　　　tā le.
　我（　　　）她了。　　　　　　彼女を好きになった。

② （　　　）róngyì,（　　　）nán.
　（　　　）容易，（　　　）难。　言うは易し行うは難し。

③ Wǒ yào bǎ shíjiān hé dìdiǎn
　我 要 把 时间 和 地点（　　　）。　時間と場所をメモしておかないと。　地点：場所

④ Zhège cài　　　　hěn là,　　　　bú là.
　这个 菜（　　　）很 辣，（　　　）不 辣。　この料理は見たところ辛そうだけど、食べてみると辛くない。

5 你觉得汉语怎么样？
Nǐ juéde Hànyǔ zěnmeyàng?

D

| 她的歌儿 |
| Tā de gēr |

| 在中国的生活 |
| Zài Zhōngguó de shēnghuó |

汉语 越学越有意思。
Hànyǔ yuè xué yuè yǒu yìsi.

她的歌儿	听	喜欢
Tā de gēr	tīng	xǐhuan
生活	过	有意思
shēnghuó	guò	yǒu yìsi

生活 shēnghuó 名 生活
越～越… yuè～yuè… 副 ～であればあるほどますます…だ
过 guò 動 過ごす、暮らす

文法

練習04

先生の発音を聞いて（　　）中国語を書き入れ、さらに日本語に訳しましょう。

① 虽然我听（　　）汉语，但是说（　　）。　_____
　　Suīrán wǒ tīng　　　　　Hànyǔ, dànshì shuō

② 那件事儿，听（　　）很麻烦。　_____ 麻烦：面倒である
　　Nàjiàn shìr, tīng　　　　hěn máfan.

③ 我想（　　）她是谁了。　_____
　　Wǒ xiǎng　　　　tā shì shéi le.

④ 我再也吃（　　）了。　_____
　　Wǒ zài yě chī　　　le.

D "越～越…"

"越"＋A（動詞／形容詞）＋"越"＋B（動詞／形容詞)　「AであればあるほどますますBだ」

「A」と「B」が、連鎖していることをあらわす。

汉语越学越难。　　　这本书越看越有意思。
Hànyǔ yuè xué yuè nán.　　Zhè běn shū yuè kàn yuè yǒu yìsi.

风越刮越大。　　　朋友越多越好。
Fēng yuè guā yuè dà.　　Péngyou yuè duō yuè hǎo.

风：風
刮：（風が）吹く

● "越来越～"

"越来越"＋形容詞など　「ますます～になる」

程度が次第に高まることをあらわす。

天气越来越冷。　　　物价越来越高，东西越来越贵。
Tiānqì yuè lái yuè lěng.　　Wùjià yuè lái yuè gāo, dōngxi yuè lái yuè guì.

物价：物価

練習05

◆中国語に訳しましょう。

① あなたはますますきれいになりました。　_____

② あの人はますます人気がでてきました。　_____

人気がある：**有人气** yǒu rénqì

③ 雪は降れば降るほど激しくなります。　_____

④ この料理は塩辛すぎます。食べれば食べるほど喉が渇きます。　_____

塩辛い：**咸** xián
喉が渇く：**渴** kě

 関連単語

【単語練習】習った語の簡体字とピンインを書き入れましょう。

日本語	簡体字	ピンイン
喉が渇く		
人気がある		
物価		
（風が）吹く		
やっと		
場所		
必ず		

日本語	簡体字	ピンイン
面倒である		
試験を受ける		
長い時間		
収める、片付ける		
記す、書き留める		
目が覚める		
愛する		

第十六课 照相机被拿走了！
Dì shíliù kè Zhàoxiàngjī bèi názǒu le!

1 A

Zhàoxiàngjī bèi (rén) názǒu le!
照相机 被（人） 拿走 了！

- Wǒ 我
- zìxíngchē 自行车
- dǎ 打
- qízǒu 骑走

Bèi shéi názǒu le?
被 谁 拿走 了？

- dǎ 打
- qízǒu 骑走

照相机 zhàoxiàngjī 名 カメラ
被 bèi 介 ～に…される
拿走 názǒu 持って行く、持ち去る
打 dǎ 動 殴る、打つ、攻撃する
骑走 qízǒu 乗って行く

文法

A "被"構文

A〔受け手〕＋"被"＋B〔行為者〕＋動詞＋α　「AはBに（よって）〜される」

Wǒ bèi tā dǎ le.
我 被 他 打 了。

Tā bèi lǎoshī pīpíng le.
他 被 老师 批评 了。

Nà běn shū bèi Xiǎo Zhāng jièzǒu le.
那 本 书 被 小 张 借走 了。

Wǒ de zìxíngchē bèi dìdi qízǒu le.
我 的 自行车 被 弟弟 骑走 了。

＊動詞の後ろには、何らかの付加成分が必要となる。→「α」

批评：叱る、意見する
借走：借りて行く

"被"＋動詞＋α

行為者を省略することができる（特に行為者をいう必要がなかったり、一般的な「人々」であったりする場合）。

Qiánbāo bèi (xiǎotōur) tōuzǒu le.
钱包 被(小偷儿)偷走 了。

Nà běn shū hái méi bèi (rén) jièzǒu.
那 本 书 还 没 被(人) 借走。

＊否定文は"不"／"没（有）"を"被"の前に置く。

小偷儿：どろぼう
偷走：盗む、盗んでいく

練習01 右に示した日本語を参考に、"被"の受身文を作りましょう。

① _____ （私／先生に／叱られた）

② _____ （私の車／弟に／乗って行かれた）

③ _____ （私のクレジットカード／盗まれた）

④ _____ （私が好きだった傘／持って行かれてしまった）

A "被"構文　B 様態補語（2）——比較を用いた表現
C 比較（2）——"更"と"还"を用いた表現
D 一边儿～，一边儿…

②
B

Tā chàng kǎlā OK chàng de bǐ nǐ hǎo ma?
她 唱 卡拉OK 唱 得 比 你 好 吗？

shuō Hànyǔ　　shuō　　　tā gēge
说 汉语　　　　说　　　　她 哥哥

zuò cài　　　　zuò　　　　tā jiějie
做 菜　　　　　做　　　　她 姐姐

Duì　tā chàng de bǐ wǒ　hǎo duō le.
对, 她 唱 得 比 我 好 多 了。

shuō　　　　tā gēge
说　　　　　她 哥哥

zuò　　　　tā jiějie
做　　　　　她 姐姐

B 様態補語（2）　——比較を用いた表現

主語（＋動詞）（＋目的語）＋動詞＋"得"＋比較文

"得"の後に比較文を用いる。

*比較文
〔"比"＋B＋形容詞〕「Aは～するのがBより…」
〔"跟"＋B＋"一样"＋形容詞〕「Aは～するのがBと同じように…」

Tā chàng gēr chàng de bǐ wǒ hǎo.
她 唱 歌儿 唱 得 比 我 好。

Wǒ tī zúqiú tī de bǐ tā hǎo.
我 踢 足球 踢 得 比 他 好。

Tā chàng gēr chàng de gēn gēshǒu yíyàng hǎo.
她 唱 歌儿 唱 得 跟 歌手 一样 好。

Tā shuō Hànyǔ shuō de gēn Zhōngguórén yíyàng liúlì.
她 说 汉语 说 得 跟 中国人 一样 流利。

練習02
日本語と同じ意味になるように、次の語を並べ替えましょう。

　　de　tiào　tiào　wǒ　hǎo　wǔ　tā　bǐ
①得／跳／跳／我／好／舞／他／比　＿＿＿＿＿＿＿＿＿＿
彼はダンス（をするの）が私より上手だ。

　　nǐ　bǐ　zì　wǒ　xiě　de　piàoliang　xiě
②你／比／字／我／写／得／漂亮／写　＿＿＿＿＿＿＿＿＿＿
あなたが書く文字は私よりきれいだ。

　　kuài　wǒ　gēn　zǒu　tā　yíyàng　de
③快／我／跟／走／他／一样／得　＿＿＿＿＿＿＿＿＿＿
彼は歩くのが私と同じくらい速い。

　　tā　gēn　yíyàng　zuò　wǒmāma　cài　hǎo　de　zuò
④她／跟／一样／做／我妈妈／菜／好／得／做　＿＿＿＿＿＿＿＿＿＿
彼女は料理を作るのが、私の母と同じくらい上手だ。

哪里哪里 nǎli nǎli　いやいやとんでもない、どういたしまして

Zuótiān fēicháng lěng.
昨天 非常 冷。

这件衣服 / 贵
你的汉语 / 好

Duì, búguò jīntiān bǐ zuótiān hái lěng.
对，不过 今天 比 昨天 还 冷。

对，不过 / 那件衣服 / 这件 / 贵
哪里哪里 / 你的日语 / 我的 / 流利

文法

C 比較（2）——"更""还"を用いた表現

A＋比＋B＋"更"/"还"＋形容詞　「AはBよりさらに／もっと〜」

"A"の程度が、"B"よりさらに高いときの表現。

Běijīng bǐ Zháhuǎng gèng lěng.　Hànyǔ de fāyīn bǐ Yīngyǔ hái nán.
北京 比 札幌 更 冷。　　　　汉语 的 发音 比 英语 还 难。

Zhège cài bǐ nàge gèng hǎochī.　Zhège bǐ nàge hái guì.
这个 菜 比 那个 更 好吃。　　这个 比 那个 还 贵。

更：さらに、一層

＊形容詞の前に"更"か"还"をおく。

★「B」の"札幌"や"那个菜"は、もともと"冷""好吃"と思われていることが前提。その上で、「A」の"北京"や"这个菜"は、さらに／もっと（"更"／"还"）"冷""好吃"であるという意味をあらわす。

練習03

日本語と同じ意味になるように、次の語を並べ替えましょう。

① hái Zháhuǎng Běijīng lěng bǐ
还／札幌／北京／冷／比　＿＿＿＿＿＿＿＿＿＿
北京は札幌よりもっと寒い。

② dà gèng yīfu bǐ nàjiàn zhèjiàn
大／更／衣服／比／那件／这件　＿＿＿＿＿＿＿＿＿＿
この服はあれよりさらに大きい。

③ zì gèng nǐ wǒ de de piàoliang bǐ
字／更／你／我／的／的／漂亮／比　＿＿＿＿＿＿＿＿＿＿
あなたの字は、私のよりもさらにきれいだ。

④ tā hái wǒmāma hǎo bǐ de de zuò cài
她／还／我妈妈／好／比／的／的／做／菜　＿＿＿＿＿＿＿＿＿＿
彼女が作る料理は、私の母のものよりもさらに上手だ。

4

Nǐ xǐhuan zuò shénme?
你 喜欢 做 什么？

Wǒ xǐhuan yìbiānr chīfàn yìbiānr kàn diànshì.
我 喜欢 一边儿 吃饭 一边儿 看 电视。

| hē kāfēi 喝 咖啡 | kàn shū 看 书 |
| zǒulù 走路 | chàng gēr 唱 歌儿 |

一边儿～一边儿… yìbiānr～yìbiānr… 副 〜ながら…する
走路 zǒu//lù 動 (人が)歩く、道を歩く

D 一边儿～，一边儿…

"一边儿" + V₁ （+目的語），"一边儿" + V₂ （+目的語）　「(V₁) しながら (V₂) する」

二つ以上の動作が、同時に進行することをあらわす。

Bàba jīngcháng yìbiānr chīfàn, yìbiānr kàn bào.
爸爸 经常 一边儿 吃饭，一边儿 看 报。

Háizimen yìbiānr chàng yìbiānr tiào.
孩子们 一边儿 唱 一边儿 跳。

Nǐ búyào yìbiānr zǒulù yìbiānr kàn shǒujī.
你 不要 一边儿 走路 一边儿 看 手机。

Nǐ yìbiānr shuō, wǒ yìbiānr jì.
你 一边儿 说，我 一边儿 记。

*同じ主語の場合は"边〜边…"の形も用いられる。
爸爸经常边吃饭边看报。
× 你边说，我边记

練習04

中国語に訳しましょう。

①私たちは歩きながら話しましょう。＿＿＿＿＿＿＿＿＿＿＿＿＿＿＿＿＿＿＿＿＿

②子供はよく遊びながらご飯を食べる。＿＿＿＿＿＿＿＿＿＿＿＿＿＿＿＿＿＿＿

③彼はコーヒーを飲みながら音楽を聴くのが好きだ。＿＿＿＿＿＿＿＿＿＿＿＿＿

④父は歩きながら物を食べるのが嫌いです。＿＿＿＿＿＿＿＿＿＿＿＿＿＿＿＿＿

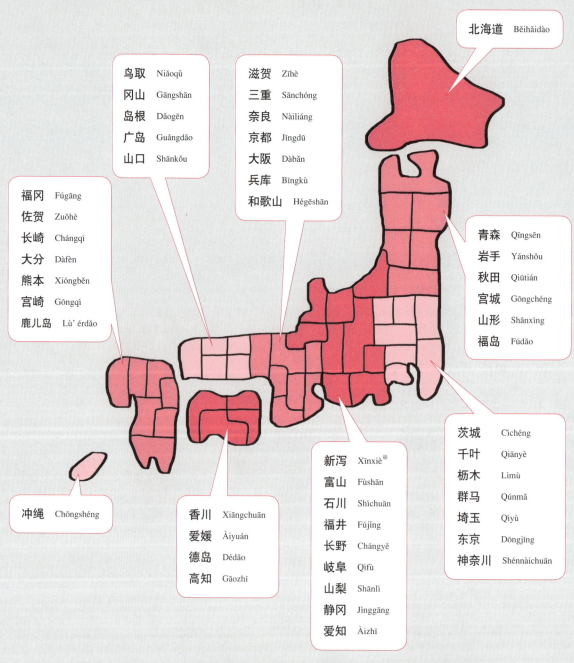

日本地图：日本地図

第一课 你怎么样?
Dì yī kè　　Nǐ zěnmeyàng?

1 友人との挨拶表現1—「元気ですか?」編

A: 你好吗?
　　Nǐ hǎo ma?

B: 我很好。你怎么样?
　　Wǒ hěn hǎo. Nǐ zěnmeyàng?

A: 我也很好。
　　Wǒ yě hěn hǎo.

- 形容詞述語文　　P21 A
- 疑問詞を使う疑問文 "怎么样"　P22 B
- 副詞 "也" と "都"　　P23 C

累 lèi
累 lèi
累 lèi

2 友人との挨拶表現2—「忙しい?」編

A: 你忙不忙?
　　Nǐ máng bu máng?

B: 我不忙。你怎么样?
　　Wǒ bù máng. Nǐ zěnmeyàng?

A: 我也不太忙。
　　Wǒ yě bú tài máng.

- 形容詞述語文　　P21 A
- 疑問詞を使う疑問文 "怎么样"　P22 B
- 副詞 "也" と "都"　　P23 C

饿 è
不饿 bú è
饿 è

不太~　bú tài~　あまり~ない

会话 第一课

A 形容詞述語文　**B** 疑問詞を使う疑問文 "怎么样"
C 副詞 "也" と "都"
【人称代名詞】

3 相手がどのように感じているかを聞いて、自分が嬉しく思っていることを表現しましょう。

Ⓐ Nǐmen gāoxìng ma?
　你们 高兴 吗？

Ⓑ Wǒmen dōu hěn gāoxìng.
　我们 都 很 高兴。

Ⓐ Tài hǎo le! Tāmen zěnmeyàng?
　太 好 了！他们 怎么样？

Ⓑ Tāmen yě dōu hěn gāoxìng.
　他们 也 都 很 高兴。

　　shūfu
　　舒服

　　shūfu
　　舒服

　　shūfu
　　舒服

☞ 形容詞述語文　　　　　　　P21 **A**
☞ 疑問詞を使う疑問文 "怎么样"　P22 **B**
☞ 副詞 "也" と "都"　　　　　　P23 **C**

太～了 tài~le すごく、たいへん

4 「好き」という気持ちを、程度を変えて、表現してみましょう。

Ⓐ Māo hěn kě'ài.
　猫 很 可爱。

Ⓑ Duì. Wǒ hěn xǐhuan.
　对。我 很 喜欢。

Ⓐ Xióngmāo zěnmeyàng?
　熊猫 怎么样？

Ⓑ Xióngmāo zhēn kě'ài. Wǒ fēicháng xǐhuan.
　熊猫 真 可爱。我 非常 喜欢。

　　Gǒu
　　狗

　　Tùzi
　　兔子

　　Tùzi
　　兔子

☞ 形容詞述語文　　　　　　　P21 **A**
☞ 疑問詞を使う疑問文 "怎么样"　P22 **B**

猫 māo 名 猫
对 duì 形 そうです、そのとおり
喜欢 xǐhuan 動 好き
熊猫 xióngmāo 名 パンダ
真 zhēn 副 実に、本当に
非常 fēicháng 副 非常に、きわめて
狗 gǒu 名 犬
兔子 tùzi 名 兎

トレーニング1

❶ ①〜④の会話パターンを、お友達と自然に読めるようになるまで、声に出して読み合いましょう。

❷ 中国語で言えますか？　〜音がすぐ頭に浮かぶかな?〜　加油!!

① 元気ですか？　——元気です。

② あなたはどうですか？　——私も元気です。ありがとう。

③ お腹空いていますか？　——すごくお腹が空いています。

④ 忙しいですか？　——非常に忙しい。

⑤ 私はホントに嬉しい！　——あぁよかった！（大変すばらしい）

⑥ パンダは可愛いね。　——私はあまり好きではない。

⑦ 私たちはみんな大好きです。

❸ 次の単語を使って中国語で表現しましょう。

好　　忙　　饿　　累　　高兴　　舒服

① 自分の今の状態を言ってみましょう。

② お友達が今どのように感じているか、尋ねてみましょう。

❹ 会話パターンを参考に、お友達と会話文を作り、会話をしましょう。

① 友人と偶然会った場面を想定し、挨拶を交わしてみましょう。（会話パターン ①・②）

② "喜欢"を使って、ある物に対してどのくらい「好き」なのか、表現してみましょう。
（会話パターン ④）

質問文を聞き取り、イラストをみて中国語で答えましょう。

① ② ③ ④

【問題】
①
_____
②
_____
③
_____
④
_____

【回答】
①
_____
②
_____
③
_____
④
_____

动物 dòngwù：動物

企鹅 qǐ'é ペンギン
大象 dàxiàng 象
狮子 shīzi ライオン
长颈鹿 chángjǐnglù キリン
老虎 lǎohǔ トラ
白熊 báixióng シロクマ
小熊猫 xiǎoxióngmāo レッサーパンダ
树袋熊 shùdàixióng コアラ
河马 hémǎ カバ
袋鼠 dàishǔ カンガルー
斑马 bānmǎ シマウマ

会话 第二课

第二课 Dì èr kè
我是东阳大学的学生
Wǒ shì Dōngyáng dàxué de xuésheng

1 自分の身分や専門を伝えてみましょう。知らない相手と話をするきっかけになる話題です。相手にも質問してみましょう。

A：你 是 学生 吗？
　　Nǐ shì xuésheng ma?

B：是。我 是 学生。
　　Shì. Wǒ shì xuésheng.

A：你 的 专业 是 什么？
　　Nǐ de zhuānyè shì shénme?

B：我 的 专业 是 法律。
　　Wǒ de zhuānyè shì fǎlù.

- 動詞"是"　P26 **A**
- 助詞"的"　P28 **B**
- 疑問詞を使う疑問文"什么""谁""哪"　P29 **C**

东阳 大学 的 学生
Dōngyáng dàxué de xuésheng

东阳 大学 的
Dōngyáng dàxué de

经济
jīngjì

专业 zhuānyè 名 専門
法律 fǎlù 名 法律
经济 jīngjì 名 経済

2 お互いに自己紹介する場面の表現です。

A：你 叫 什么 名字？
　　Nǐ jiào shénme míngzi?

B：我 叫 和田 美子，你 呢？
　　Wǒ jiào Hétián Měizǐ, nǐ ne?

A：我 叫 李 红。
　　Wǒ jiào Lǐ Hóng.

B：认识 你 很 高兴。
　　Rènshi nǐ hěn gāoxìng.

A：我 也 很 高兴。
　　Wǒ yě hěn gāoxìng.

- 動詞"是"　P26 **A**
- 疑問詞を使う疑問文"什么""谁""哪"　P29 **C**

您 贵姓
Nín guìxìng

姓 和田
xìng Hétián

姓 李
xìng Lǐ

请 多 关照
Qǐng duō guānzhào

请 多 关照
Qǐng duō guānzhào

叫 jiào 動 （名前は）〜という
名字 míngzi 名 名前
和田美子 Hétián Měizǐ 固 和田美子
呢 ne 助 〜は？
认识 rènshi 動 知り合う、知っている
贵姓 guìxìng 名 お名前、ご芳名
姓 xìng 動 （姓は）〜である
请多关照 qǐng duō guānzhào よろしくお願いします

会话 第二课

A 動詞"是"　B 助詞"的"
C 疑問詞を使う疑問文"什么""谁""哪"
[指示代名詞]

3
名称・内容・所有者がわからないときに使う、基本的な表現です。

A Zhè shì shénme?
这 是 什么？

B Zhè shì kèběn.
这 是 课本。

A Shénme kèběn?
什么 课本？

B Hànyǔ kèběn.
汉语 课本。

A Shì shéi de?
是 谁 的？

B Shì wǒ péngyou de.
是 我 朋友 的。

Nà
那

Nà, cídiǎn
那, 词典

cídiǎn
词典

Hàn-Rì cídiǎn
汉日 词典

māma
妈妈

☞ 動詞"是"　　　　　　　　P26 A
☞ 助詞"的"　　　　　　　　P28 B
☞ 疑問詞を使う疑問文"什么""谁""哪"　P29 C

4
写真などを見ながら、面識がない人の身分や、友人との関係を尋ねるときに使う表現です。

A Zhè shì shéi?
这 是 谁？

B Zhè shì Rén lǎoshī.
这 是 任 老师。

A Tā shì nǎguórén?
她 是 哪国人？

B Tā shì Zhōngguórén.
她 是 中国人。

A Shì Hànyǔ lǎoshī ma?
是 汉语 老师 吗？

B Shì. Tā shì wǒmen de Hànyǔ lǎoshī.
是。她 是 我们 的 汉语 老师。

Zhānmǔsī
詹姆斯

Tā
他

Tā, Yīngguórén
他, 英国人

nǐ péngyou
你 朋友

Bú shì, Tā, Yīngyǔ
不 是, 他, 英语

☞ 動詞"是"　　　　　　　　P26 A
☞ 助詞"的"　　　　　　　　P28 B
☞ 疑問詞を使う疑問文"什么""谁""哪"　P29 C

任 Rén　固 任(ニン)
詹姆斯 Zhānmǔsī　固 ジェームス
英国人 Yīngguórén　名 イギリス人

トレーニング2

❶ ①〜④の会話パターンを、お友達と自然に読めるようになるまで、声に出して読み合いましょう。

❷ 中国語で言えますか？　〜音がすぐ頭に浮かぶかな？〜　加油!!

① 私は日本人です。

② 私は〜［自分の名前］といいます。あなたは？

③ 私は東陽大学の学生です。

④ 私は法律学部（の学生）です。　　　　　　　　　　　　　　　　　　　　　　　　　　　　学部：**系** xì

⑤ 私は1年生（の学生）です。　　　　　　　　　　　　　　　　　　　　　　　　　1年生：**一年级** yī niánjí

⑥ 私の専攻は法律です。

⑦ あなたはどこの国の人ですか？

⑧ あなたは何学部（の学生）ですか？　　　　　　　　　　　　　　　　　　　何学部？：**哪个系** nǎge xì

⑨ こちらは私たちの中国語の先生です。

⑩ これは何ですか？

⑪ あれは中国語の教科書です。

❸ □のなかの漢字を使い、中国語とそのピンイン・声調を、日本語を参考に書き入れてみましょう。

rén 人	ピンイン				
	中国語				
	日本語	日本人	中国人	韓国人	何処の国の人

yǔ 语	ピンイン				日语
	中国語				
	日本語	中国語	英語	日本語	

❹ 会話パターンを参考に、お友達と会話文を作り、会話をしましょう。

① 初対面の場合を想定して、お友達とお互いに自己紹介しましょう。（会話パターン①・②）

② 傍にあるモノの所有者を尋ねましょう。（会話パターン③）

質問文を聞き取り、イラストをみて中国語で答えましょう。

①  ② ③  ④

【問題】
①
②
③
④

【回答】
①
②
③
④

系：学部

文学系 wénxué xì 文学部

经济系 jīngjì xì 経済学部

外语系 wàiyǔ xì 外国語学部

社会学系 shèhuìxué xì 社会学部

国际关系系 guójìguānxi xì 国際関係学部

法律系 fǎlǜ xì 法学部

理工学系 lǐgōngxué xì 理工学部

医学系 yīxué xì 医学部

第三课 我学习法律，还学习汉语

Dì sān kè　Wǒ xuéxí fǎlù, hái xuéxí Hànyǔ

1

"什么"を使って、ある事柄やモノについて、より具体的に聞いてみましょう。"什么"の置く位置に注意しましょう。

A　Nǐ shàngkè ma?
　　你 上课 吗？

B　Wǒ shàngkè.
　　我 上课。

A　Shàng shénme kè?
　　上 什么 课？

B　Shàng Hànyǔ kè.
　　上 汉语 课。

☞ 動詞述語文　P32 A

hē chá　xǐhuan dòngwù
喝 茶 ／ 喜欢 动物

hē chá　xǐhuan
喝 茶 ／ 喜欢

Hē, chá　Xǐhuan, dòngwù
喝，茶 ／ 喜欢，动物

Hē wūlóngchá　Xǐhuan xióngmāo
喝 乌龙茶 ／ 喜欢 熊猫

乌龙茶 wūlóngchá 名 ウーロン茶
动物 dòngwù 名 動物

2

相手の専門科目を聞いたり、食べるものを聞いたりしてみましょう。"还"を使うことで、前の答えにつけ加える事ができます。

A　Nǐ xuéxí shénme?
　　你 学习 什么？

B　Wǒ xuéxí fǎlù.
　　我 学习 法律。

A　Hái xuéxí shénme?
　　还 学习 什么？

B　Hái xuéxí guójì guānxi hé Hànyǔ.
　　还 学习 国际 关系 和 汉语。

☞ 動詞述語文　P32 A

chī
吃

chī jiǎozi
吃 饺子

chī
吃

chī mápódòufu, mǐfàn
吃 麻婆豆腐，米饭

还 hái 副 ほかに、更に
国际关系 guójì guānxi 名 国際関係
饺子 jiǎozi 名 ギョーザ
麻婆豆腐 mápódòufu 名 マーボー豆腐
米饭 mǐfàn 名 ご飯

A 動詞述語文
B 省略疑問文
C 語気助詞 "吧"

3 職業を話題にするときの表現です。

Ⓐ Nǐ bàba zuò shénme gōngzuò?
你 爸爸 做 什么 工作？

Ⓑ Tā shì gōngsī zhíyuán.
他 是 公司 职员。

Ⓐ Nǐ māma ne?
你 妈妈 呢？

Ⓑ Tā shì jiātíng zhǔfù.
她 是 家庭 主妇。

gēge
哥哥

gōngwùyuán
公务员

jiějie
姐姐

xiǎoxué lǎoshī
小学 老师

☞ 動詞述語文　P32 A
☞ 省略疑問文　P35 B

爸爸 bàba 名 お父さん
工作 gōngzuò 名 仕事
做工作 zuò gōngzuò 仕事をする
公司职员 gōngsī zhíyuán 名 会社員
家庭主妇 jiātíng zhǔfù 名 専業主婦
姐姐 jiějie 名 姉、お姉さん
小学 xiǎoxué 名 小学校
哥哥 gēge 名 兄、お兄さん
公务员 gōngwùyuán 名 公務員

4 3種類の "吧" を使い分けてみましょう。

Ⓐ Zánmen kàn diànyǐng ba.
咱们 看 电影 吧。

Ⓑ Nǐ kàn ba. Wǒ bú kàn.
你 看 吧。我 不 看。

Ⓐ Wèi shénme? Zánmen yìqǐ kàn ba.
为 什么？咱们 一起 看 吧。

Ⓑ Diànyǐng shì Měiguó de ba. Wǒ bù xǐhuan.
电影 是 美国 的 吧。我 不 喜欢。

qù, Chídài
去，池袋

qù, qù
去，去

qù
去

Jīntiān, zhōumò, Rén yídìng hěn duō
今天，周末，人 一定 很 多

☞ 動詞述語文　P32 A
☞ 語気助詞 "吧"　P36 C

电影 diànyǐng 名 映画
为什么 wèi shénme 疑 なぜ？どうして？
一起 yìqǐ 副 一緒に
美国 Měiguó 固 アメリカ
池袋 Chídài 固 池袋
今天 jīntiān 名 今日
周末 zhōumò 名 週末

人 rén 名 人
一定 yídìng 副 絶対に、～に違いない
多 duō 形 多い、たくさん

トレーニング3

❶ ①〜④の会話パターンを、お友達と自然に読めるようになるまで、声に出して読み合いましょう。

❷ 中国語で言えますか？　〜音がすぐ頭に浮かぶかな？〜　加油!!

① あなたは何を勉強していますか？

② 私は法律を勉強しています。中国語も勉強しています。

③ お父さんはどんなお仕事をしていますか？

④ 父は公務員です。

⑤ 私たち何食べる？　――ギョーザを食べようよ。

⑥ 何の授業に出るの？　――中国語の授業に出ます。

⑦ 一緒にご飯食べようよ。　――いいよ。

⑧ あなた東陽大学の人でしょう？　――そうです。

⑨ 私はパンダが一番好き。

一番：最 zuì

⑩ 私は動物が嫌い。――どうして？

❸ □のなかの漢字を使い、中国語とそのピンイン・声調を、日本語を参考に書き入れてみましょう。

guó 国	ピンイン				
	中国語				
	日本語	中国	米国	英国	国際関係

xué 学	ピンイン				
	中国語				国際学校
	日本語	学生	大学	学習	インターナショナルスクール

❹ 会話パターンを参考に、お友達と会話文を作り、会話をしましょう。

① "什么"を使って、より具体的に聞いたり、相手の専門を聞いてみましょう。
（会話パターン①・②）

② 身近な人の職業を聞いてみましょう。（会話パターン③）

③ "吧"を使って、相手に何かを勧めてみましょう。（会話パターン④）

会话 第三课

 質問文を聞き取り、イラストをみて中国語で答えましょう。

①  ②  ③  ④

【問題】
①
②
③
④

【回答】
①
②
③
④

 関連単語

gōngzuò
工作：仕事

律师 lǜshī 弁護士

警察 jǐngchá 警察官

农民 nóngmín 農家

工程师 gōngchéngshī エンジニア

记者 jìzhě 記者

注册会计师 zhùcè kuàijìshī 公認会計士

医生 yīshēng 医者

空中小姐 kōngzhōng xiǎojiě キャビンアテンダント

中学老师 zhōngxué lǎoshī 中学校・高校の教師

护士 hùshi 看護師

司机 sījī 運転手

工人 gōngrén 土木作業員

第四课　Dì sì kè

你有兄弟姐妹吗？
Nǐ yǒu xiōngdì jiěmèi ma?

1
"有"を使って兄弟の有無を聞き、兄弟で何番目かも表現してみましょう。

A　你有兄弟姐妹吗？
　　Nǐ yǒu xiōngdì jiěmèi ma?

B　有。我有两个哥哥。
　　Yǒu. Wǒ yǒu liǎng ge gēge.

A　你是最小的（孩子）吗？
　　Nǐ shì zuì xiǎo de (háizi) ma?

B　对。我是最小的。
　　Duì. Wǒ shì zuì xiǎo de.

没有。　Méiyǒu.

独生子　dúshēngzǐ

独生子　dúshēngzǐ

※次の単語も使って、自分のことを表現してみよう。
　長男・長女：老大　lǎodà　　次男・次女：老二　lǎo'èr

☞ 所有をあらわす"有"　P40 A
☞ 量詞　P42 B

最　zuì　副　最も、一番
小　xiǎo　形　小さい
孩子　háizi　名　子供
独生子　dúshēngzǐ　名　一人っ子

2
"有"を使って家族構成を聞いてみましょう。

A　你家有几口人？
　　Nǐ jiā yǒu jǐ kǒu rén?

B　我家有五口人。
　　Wǒ jiā yǒu wǔ kǒu rén.

A　都有什么人？
　　Dōu yǒu shénme rén?

B　有爸爸、妈妈、两个弟弟和我。
　　Yǒu bàba, māma, liǎng ge dìdi hé wǒ.

四　sì

一个姐姐　yí ge jiějie

☞ 所有をあらわす"有"　P40 A
☞ 量詞　P42 B
☞ "几"と"多少"　P44 C

会话 第四课

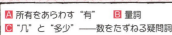

Ⓐ 所有をあらわす"有"　Ⓑ 量詞
Ⓒ "几"と"多少"——数をたずねる疑問詞
【時刻の言い方】

3

"多少钱"を使って買い物をしてみましょう。買い物で交わされる常套表現です。

Ⓐ Zhège bēizi duōshao qián?
这个 杯子 多少 钱？

Ⓑ Shí kuài qián yí ge. Nǐ yào duōshao?
十 块 钱 一 个。你 要 多少？

Ⓐ Wǒ yào sì ge.
我 要 四 个。

Ⓑ Nǐ hái yào bié de ma?
你 还 要 别 的 吗？

Ⓐ Bú yào, xièxie.
不 要，谢谢。

Ⓑ Hǎo de, yígòng sìshí kuài qián.
好 的，一共 四十 块 钱。

běn zázhì
本 杂志

Shíbā, yì běn, jǐ běn
十八，一 本，几 本

liǎng běn
两 本

sānshíliù
三十六

☞ 所有をあらわす"有"　P40 Ⓐ
☞ 量詞　P42 Ⓑ
☞ "几"と"多少"　P44 Ⓒ

杯子 bēizi 　名 コップ
别的 bié de 　名 別のもの、他のもの
一共 yígòng 　副 全部で、あわせて

4

"几"を使って時間を聞いてみましょう。また4時限目に何の授業があるか、表現してみましょう。

Ⓐ Xiànzài jǐ diǎn?
现在 几 点？

Ⓑ Xiàwǔ liǎng diǎn bàn.
下午 两 点 半。

Ⓐ Dì sì jié nǐ yǒu kè ma?
第 四 节 你 有 课 吗？

Ⓑ Yǒu. Wǒ yǒu Hànyǔ kè.
有。我 有 汉语 课。

Ⓐ Nà zánmen zǒu ba.
那 咱们 走 吧。

sì diǎn yíkè
四 点 一刻

wǔ
五

tǐyù
体育

☞ 所有をあらわす"有"　P40 Ⓐ
☞ "几"と"多少"　P44 Ⓒ

节 jié 　量 ～コマ（授業時間）
那 nà 　接 それでは
体育 tǐyù 　名 体育、スポーツ

现在 xiànzài 　名 いま
点 diǎn 　量 ～時（時間の単位）
下午 xiàwǔ 　名 午後
半 bàn 　数 半、半分
第 dì 　接頭 ～番目（数字の前に置いて、ものの順序をあらわすのに用いる）

トレーニング4

❶ ①～④の会話パターンを、お友達と自然に読めるようになるまで、声に出して読み合いましょう。

❷ 中国語で言えますか？　～音がすぐ頭に浮かぶかな？～　加油!!

① 何人家族ですか？　──私は〜人家族です。

② 兄弟はいますか？　──私には〜がいます。／いません。

③ どのような家族構成ですか？　──私の家族には〜がいます。

④ このリンゴはいくらですか？

⑤ 二つください。（対象が−リンゴ／雑誌／ミネラルウォーター）

⑥ あなたの携帯番号はいくつですか？

⑦ 今何時ですか？　──今〜時〜分です。

携帯番号：**手机号码** shǒujī hàomǎ

❸ □のなかの漢字を使い、中国語とそのピンイン・声調を、日本語を参考に書き入れてみましょう。

kè 课	ピンイン				
	中国語				
	日本語	テキスト	授業に出る	中国語の授業	四コマの授業

zi 子	ピンイン				
	中国語				本子
	日本語	ギョーザ	箸	子供	ノート

❹ 会話パターンを参考に、お友達と会話文を作り、会話をしましょう。

① "有""几"を使って、何人兄弟なのか、また家族構成を尋ねてみましょう。
（会話パターン①・②）

② 身近にあるモノをつかって、買い物の場面を想定してみましょう。（会話パターン③）

③ 時間を尋ねてみましょう。また、時限ごとの授業を尋ねてみましょう。（会話パターン④）

質問文を聞き取り、下の表をみて中国語で答えましょう。

①②  ③  ④

【問題】
①
②
③
④

【回答】
①
②
③
④

yǐnliào
饮料：飲み物

kāfēi
咖啡：コーヒー

浓缩咖啡 nóngsuō kāfēi　エスプレッソ
美式咖啡 měishì kāfēi　アメリカン
冰咖啡 bīng kāfēi　アイスコーヒー
拿铁咖啡 nátiě kāfēi　カフェラテ
卡布奇诺 kǎbùqínuò　カプチーノ

cháshuǐ
茶水：お茶

珍珠奶茶 zhēnzhū nǎichá　タピオカミルクティー
普洱茶 pǔ'ěrchá　プーアール茶
茉莉花茶 mòlihuāchá　ジャスミン茶
绿茶 lǜchá　緑茶
抹茶 mǒchá　抹茶
铁观音 tiěguānyīn　鉄観音

qítā
其它：その他

酸奶 suānnǎi　ヨーグルト
牛奶 niúnǎi　牛乳

第五课 你家在哪儿？
Dì wǔ kè　Nǐ jiā zài nǎr?

1 "在"を使って相手の故郷を聞いてみましょう。また、自分の故郷を代表するものを紹介しましょう。

Ⓐ Nǐ jiā zài nǎr?
你家在哪儿？

Ⓑ Wǒ jiā zài Qiānyè.
我家在千叶。

Ⓐ Qiānyè yǒu shénme hǎowánr de (dìfang)?
千叶有什么好玩儿的（地方）？

Ⓑ Yǒu "Díshìní Lèyuán"!
有"迪士尼乐园"！

☞ 動詞"在"　　P48 Ⓐ
☞ 存在をあらわす"有"　P50 Ⓑ

Héngbīn
横滨

Héngbīn
横滨

Zhōnghuájiē
中华街

千叶 Qiānyè　固 千葉
好玩儿 hǎowánr　形 面白い
地方 dìfang　名 場所
迪士尼乐园 Díshìní Lèyuán　固 ディズニーランド
横滨 Héngbīn　固 横浜
中华街 Zhōnghuájiē　固 中華街

2 "在"を使って相手の居場所を尋ねましょう。またその場所の位置を表現しましょう。

Ⓐ Nǐ zài nǎr?
你在哪儿？

Ⓑ Wǒ zài Dōngyáng dàxué li. Nǐ lái ma?
我在东阳大学里。你来吗？

Ⓐ Dàxué zài nǎr?
大学在哪儿？

Ⓑ Zài Báishān zhàn fùjìn.
在白山站附近。

☞ 動詞"在"　　P48 Ⓐ

yínháng
银行

Yínháng
银行

yóujú　pángbiānr
邮局 旁边儿

白山站 Báishān zhàn　固 白山駅
附近 fùjìn　名 附近、～の近く
银行 yínháng　名 銀行
旁边儿 pángbiānr　方 そば

会话 第五课

A 動詞 "在"　B 存在をあらわす "有"
C 動詞 "喜欢"　D 選択疑問文 "还是"
【場所をあらわす代名詞】　【方位詞】

3
飲食店に入ってのやりとりです。お友達と何を注文するか相談してみましょう。

A 这儿 有 什么 菜？
　Zhèr yǒu shénme cài?

B 我们 这儿 有 烤鸭、涮 羊肉。
　Wǒmen zhèr yǒu kǎoyā, shuàn yángròu.

A 你 喜欢 吃 烤鸭 还是 喜欢 吃 涮 羊肉？
　Nǐ xǐhuan chī kǎoyā háishi xǐhuan chī shuàn yángròu?

C 我 很 喜欢 吃 烤鸭。
　Wǒ hěn xǐhuan chī kǎoyā.

A 那 来 一 只 烤鸭 和 一 瓶 可乐 吧。
　Nà lái yì zhī kǎoyā hé yì píng kělè ba.

面条 miàntiáo
担担面，炸酱面 dàndànmiàn, zhájiàngmiàn
担担面，炸酱面 dàndànmiàn, zhájiàngmiàn
炸酱面 zhájiàngmiàn
两碗 炸酱面 liǎng wǎn zhájiàngmiàn

☞ 存在をあらわす "有"　P50 B
☞ 動詞 "喜欢"　P51 C
☞ 選択疑問文 "还是"　P52 D

菜 cài 名 料理
来 lái 動 ください、持ってくる、よこす
碗 wǎn 量 ～碗
只 zhī 量 ～羽、～匹（鳥や小さい動物を数える）
担担面 dàndànmiàn 名 タンタン麺
炸酱面 zhájiàngmiàn 名 ジャージャー麺

4
趣味を尋ねたり、伝えたりしてみましょう。"什么" を使うとより具体的な事がきけます。

A 你 喜欢 做 什么？
　Nǐ xǐhuan zuò shénme?

B 我 喜欢 听 音乐。
　Wǒ xǐhuan tīng yīnyuè.

A 喜欢 听 什么 音乐？
　Xǐhuan tīng shénme yīnyuè?

B 喜欢 听 日本 歌儿。
　Xǐhuan tīng Rìběn gēr.

看 书／唱 卡拉 OK　kàn shū chàng kǎlā OK
看，书／唱，歌儿　kàn, shū chàng, gēr
看 小说／唱 流行 歌儿　kàn xiǎoshuō chàng liúxíng gēr

☞ 動詞 "喜欢"　P51 C

歌儿 gēr 名 歌
流行歌儿 liúxíng gēr 名 流行曲

トレーニング5

❶ ①～④の会話パターンを、お友達と自然に読めるようになるまで、声に出して読み合いましょう。

❷ 中国語で言えますか？　～音がすぐ頭に浮かぶかな?～　加油!!

① あなたの故郷はどこですか？　――私の故郷は～です。

② ～にはどんな面白いところがありますか？　――～［有名な場所］があります。

③ 東陽大学はどこにありますか？　――東陽大学は白山駅の近くにあります。

④ この近くに郵便局はありますか？

⑤ トイレはどこですか？　――トイレはあの銀行の中にありますよ。　　　トイレ、便所：厕所 cèsuǒ

⑥ あなたは何をするのが好きですか？

⑦ あなたの趣味は何ですか？　――～（するの）が好きです。　　　趣味：爱好 àihào

⑧ あなたはコーラ（を飲むの）が好きですか？　それともミネラルウォーター（を飲むの）が好きですか？

⑨ 北京ダック半匹と担々麺を2碗ください。

❸ □のなかの簡体字を使い、中国語とそのピンイン・声調を、日本語を参考に書き入れてみましょう。

	ピンイン				
dōng 东	中国語				东口
	日本語	東陽	東京	もの	東口

	ピンイン				
xiǎo 小	中国語				小吃
	日本語	小学校	小説	張さん	軽食

❹ 会話パターンを参考に、お友達と会話文を作り、会話をしましょう。

① "有"を使って、自分の故郷の有名な場所をお互いに紹介し、それがどこにあるか"在"を使って表現しましょう。（会話パターン①・②）

② お店に入った場面を想定し、注文する飲料や料理を相談してみましょう。（会話パターン③）

③ "喜欢"を使って、お互いの趣味を尋ね、紹介しましょう。（会話パターン④）

会话 第五课

  質問文を聞き取り、イラストをみて中国語で答えましょう。

①  ②  ③  ④

【問題】
①
___
②
___
③
___
④
___

【回答】
①
___
②
___
③
___
④
___

  関連単語

中国菜 zhōngguócài：中華料理

- 芒果布丁 mángguǒ bùdīng　マンゴープリン
- 青椒肉丝 qīngjiāo ròusī　チンジャオロース
- 干烧虾仁 gānshāo xiārén　エビチリ炒め
- 西米露 xīmǐlù　タピオカ
- 酸辣汤 suānlàtāng　サンラータン
- 炒饭 chǎofàn　チャーハン
- 回锅肉 huíguōròu　ホイコーロー
- 杏仁豆腐 xìngrén dòufu　アンニン豆腐
- 小笼包 xiǎolóngbāo　ショーロンポー

日本菜 Rìběncài：日本料理

- 寿司 shòusī　寿司
- 生鱼片 shēngyúpiàn　さしみ
- 酱汤 jiàngtāng　味噌汁
- 天妇罗 tiānfùluó　天ぷら

第六课 你今年多大了?
Dì liù kè Nǐ jīnnián duō dà le?

1
"几"を使って誕生日を聞いたり、"多大"を使って相手の年を尋ねたりしてみましょう。

A Nǐ de shēngrì shì jǐ yuè jǐ hào?
你的生日是几月几号?

B Wǒ de shēngrì shì shíyuè èrshibā hào.
我的生日是十月二十八号。

A Nǐ jīnnián duōdà le?
你今年多大了?

B Wǒ jīnnián shíjiǔ suì le.
我今年十九岁了。

A Zhēn niánqīng! Nǐ shǔ shénme?
真年轻! 你属什么?

B Wǒ shǔ hǔ.
我属虎。

Nǐ nǎinai
你奶奶

Tā shí'èr yuè wǔ hào
她,十二月五号

Tā duōdà niánjì duōdà suìshu
她,多大年纪〔多大岁数〕

Tā liùshiwǔ
她,六十五

Tā
她

Tā lóng
她,龙

☞ "是"の省略　　　P54 **A**
☞ 年齢の尋ね方・言い方　P56 **C**
☞ 文末の"了"　　　P57 **D**

生日 shēngrì 名 誕生日
年轻 niánqīng 形 年が若い
虎 hǔ 名 トラ
奶奶 nǎinai 名 (父方の)祖母
龙 lóng 名 竜

2
"多"を使って、事物の高さや長さを尋ねてみましょう。

A Fùshìshān shì Rìběn zuì gāo de shān.
富士山是日本最高的山。

B Fùshìshān yǒu duō gāo?
富士山有多高?

A Yǒu sānqiān qībǎi qīshiliù mǐ.
有三千七百七十六米。

B Shì ma? Fùshìshān zhēn gāo.
是吗? 富士山真高。

Chángjiāng Zhōngguó cháng de hé
长江,中国,长的河

Chángjiāng cháng
长江,长

liùqiān sānbǎi gōnglǐ
六千三百公里

Chángjiāng tài cháng le
长江,太长了

☞ 疑問をあらわす"多"　P55 **B**

富士山 Fùshìshān 固 富士山
山 shān 名 山
长江 Chángjiāng 固 長江、揚子江
河 hé 名 川、河川

会话 第六课

A "是"の省略──名詞述語文　B 疑問をあらわす"多"
C 年齢のたずね方・言い方　D 文末の"了"
【時をあらわす語──時点（1）】

3　"了"を使って、季節の変わり目など、状況が変化してきた事を表現しましょう。

Ⓐ Xià ge xīngqī jiù shíyī yuèfèn le.
下 个 星期 就 十一 月份 了。

Ⓑ Shì de. Qìhòu liángkuai yì diǎnr le.
是 的。气候 凉快（一）点儿 了。

Ⓐ Jīntiān de tiānqì zhēn shūfu, bù lěng (yě) bú rè.
今天 的 天气 真 舒服，不 冷（也）不 热。

Ⓑ Yèzi yǐjīng hóng le.
叶子 已经 红 了。

Ⓐ Zánmen qù kàn hóngyè ba!
咱们 去 看 红叶 吧！※

Ⓑ Hǎo a. Qù nǎr kàn?
好 啊。去 哪儿 看？※

※連動文 →「第八課」文法参照。

☞ "是"の省略　　P54 A
☞ 文末の"了"　　P57 D

sì
四

nuǎnhuo
暖和

Yīnghuā kāi
樱花，开

yīnghuā
樱花

下个星期 xià ge xīngqī　来週
就 jiù 副 すぐ、じきに〔短時間内にある状態が現れることをあらわす〕
气候 qìhòu 名 気候
凉快 liángkuai 形 涼しい
（一）点儿 (yì)diǎnr 量 ちょっと、少し
天气 tiānqì 名 天気
不冷（也）不热 bù lěng (yě) bú rè　暑くも寒くもない、ちょうどよい気候だ
红叶 hóngyè 名 紅葉
好啊 hǎo a　いいですね
暖和 nuǎnhuo 形 暖かい
樱花 yīnghuā 名 桜
开 kāi 動 咲く、開く

誕生日によく使う表現

Zhù nǐ shēngrì kuàilè!　Xièxie nǐ.
祝 你 生日 快乐！──谢谢 你。　　　　　　お誕生日おめでとう！──ありがとう。

トレーニング6

❶ ①～④の会話パターンを、お友達と自然に読めるようになるまで、声に出して読み合いましょう。

❷ 中国語で言えますか？　～音がすぐ頭に浮かぶかな？～　加油!!

① 今日は、何月何日何曜日ですか？　――今日は、～月～日～曜日です。

② あなたの誕生日は、何月何日ですか？　――私の誕生日は、～月～日です。

③ あなたは、今年何歳ですか？　――私は、今年～歳です。

④ 今年は、何年ですか？　――今年は、～年です。

⑤ 今年は、令和（Lìnghé）何年ですか？　――今年は、令和～年です。

⑥ あなたは、なに年ですか？　――私は、～年です。

⑦ 来週の土曜日は、何日ですか？　――来週の土曜日は、～日です。

⑧ 今日で 11 月になりました。

❸ 日本語を参考に、次の（　　　）に正しい中国語を入れましょう。

① 您多大（　　　）了? ――我七十四（　　　）了。　　おいくつでいらっしゃいますか？
　　　　　　　　　　　　　　　　　　　　　　　　　　　　――私は 74 歳になりました。

② 他（　　　）二十（　　　）（　　　）。　　彼はもう 20 歳になりました。

③ 这个星期（　　　）是（　　　）？　　今週の日曜日は、何日ですか？

④ 天气（　　　）点儿（　　　）。　　気候がちょっと涼しくなりましたね。

⑤ 长城（　　　）（　　　）？　　長城は、どのくらい長いですか？

❹ 会話パターンを参考に、お友達と会話文を作り、会話をしましょう。

① "几"や"多大"を使って、お互いに誕生日や年齢を尋ねてみましょう。（会話パターン①）

② "多"を使って、周りの物の高さや長さをお互いに確認してみましょう。（会話パターン②）

③ "了"を使って、状況が変化した事をお互いに表現してみましょう。（会話パターン③）

質問文を聞き取り、下の表をみて中国語で答えましょう。

9月

*曜日の [ ] の中に中国語訳を記入しよう。

日 [ ]	月 [ ]	火 [ ]	水 [ ]	木 [ ]	金 [ ]	土 [ ]
	1 中国語	2	3 中国語	4	5	6
7	8 中国語	9	10 中国語	11	12	13 おばあちゃんの誕生日　65歳
14	15 中国語	16	17 中国語	18	19	20
21	22 中国語	23	24 中国語	25	26 李紅の誕生日　19歳	27
28	29 中国語	30				

【問題】
① _____
② _____
③ _____
④ _____

【回答】
① _____
② _____
③ _____
④ _____

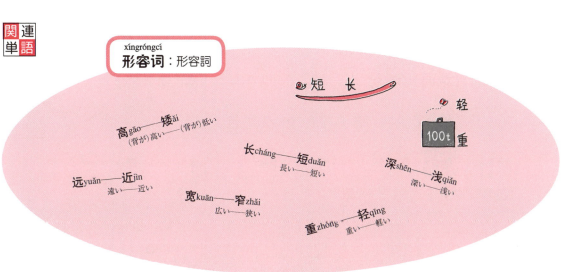

第七课 Dì qī kè
你在哪儿打工？
Nǐ zài nǎr dǎgōng?

1
"在"を使って相手の仕事先や、"从"・"到"を使って勤務時間を尋ねてみましょう。

Ⓐ Nǐ zài nǎr dǎgōng?
你 在 哪儿 打工？

Ⓑ Wǒ zài biànlìdiàn dǎgōng.
我 在 便利店 打工。

Ⓐ Xīngqītiān cóng jǐ diǎn dào jǐ diǎn dǎgōng?
星期天 从 几 点 到 几 点 打工？

Ⓑ Cóng shàngwǔ shídiǎn dào xiàwǔ sāndiǎn.
从 上午 十点 到 下午 三点。

Nǐ bàba, gōngzuò
你 爸爸, 工作

Tā, gōngsī, gōngzuò
他, 公司, 工作

Měitiān, gōngzuò
每天, 工作

jiǔ diǎn, wǔ diǎn
九 点, 五 点

☞ 介詞 "在"　　　　　　　　　P62 Ⓑ
☞ 介詞 "从A（到B）"と"A离B"　P63 Ⓒ
☞ 時をあらわす語の位置　　　　P66 Ⓔ

工作 gōngzuò 動 働く、仕事をする
公司 gōngsī 名 会社
每天 měitiān 名 毎日

2
"了"を使って，すでに行なったことを尋ねたり、伝えたりしましょう。

Ⓐ Nǐ chī wǎnfàn le ma?
你 吃 晚饭 了 吗？

Ⓑ Wǒ chī le.
我 吃 了。

Ⓐ Chī shénme le?
吃 什么 了？

Ⓑ Chīle hànbǎobāo hé zháshǔtiáo.
吃了 汉堡包 和 炸薯条。

Ⓐ Chī de (dōngxi) nàme shǎo, gòu le ma?※
吃 的（东西）那么 少，够 了 吗？

Ⓑ Gòu le, gòu le. Wǒ chīle sì ge hànbǎobāo.
够 了，够 了。我 吃了 四 个 汉堡包。

diǎncài
点菜

diǎn
点

Diǎn
点

Diǎn, liǎng ge liángcài, liǎng ge rècài
点，两个 凉菜，两个 热菜

Diǎn, gòu
点，够

gāng chī, yì wǎn miàntiáo
刚 吃，一 碗 面条

※ 吃的东西→「文法ノート8 動詞句、形容詞句の「定語」」参照。

☞ 動詞につく "了"　　P60 Ⓐ

晚饭 wǎnfàn 名 晩ご飯、夕飯
汉堡包 hànbǎobāo 名 ハンバーガー
炸薯条 zháshǔtiáo 名 フライドポテト
那么 nàme 代 そんなに、あんなに
少 shǎo 形 少ない
够 gòu 動 足りる、十分である
凉菜 liángcài 名 前菜、冷たい料理

热菜 rècài 名 温かい料理
刚 gāng 副 〜したばかりである

会话 第七课

> A 動詞につく"了"　　B 介詞"在"
> C 介詞"从A(到B)"と"A离B"　　D 二重目的語をとる動詞
> E 時をあらわす語の位置　【時をあらわす語——時点（2）】

3 友人を誘い、待ち合わせ場所と時間を相談しましょう。

Ⓐ Xià ge xīngqītiān nǐ yǒu shìr ma?
下个星期天 你 有 事儿 吗？

Ⓑ Méiyǒu. Nǐ yǒu shénme shìr?
没有。你 有 什么 事儿？

Ⓐ Jiějie gěile wǒ liǎng zhāng diànyǐng piào.
姐姐 给了 我 两 张 电影 票。
Zánmen yìqǐ qù ba.
咱们 一起 去 吧。

Ⓑ Shénme diànyǐng?
什么 电影？

Ⓐ Zhōngguó diànyǐng. Nǐ gǎn xìngqù ma?
中国 电影。你 感 兴趣 吗？

Ⓑ Wǒ hěn gǎn xìngqù.
我 很 感 兴趣。

Ⓐ Zánmen jǐ diǎn zài nǎr jiànmiàn?
咱们 几 点 在 哪儿 见面？

Ⓐ Xiàwǔ sìdiǎn zài Xīnsù zhàn jiànmiàn ba.
下午 四点 在 新宿 站 见面 吧。

Ⓑ Hǎo de. Bújiàn-búsàn.
好 的。不见不散。

Ⓐ Bújiàn-búsàn.
不见不散。

Jīntiān xiàkè yǐhòu
今天 下课 以后

zúqiú
足球

bǐsài
比赛

Déguó duì hé Rìběn duì de bǐsài
德国 队 和 日本 队 的 比赛

Wǎnshang liùdiǎn, qiúchǎng ménkǒu
晚上 六点，球场 门口

☞ 動詞につく"了"　　P60 A
☞ 介詞"在"　　P62 B
☞ 二重目的語をとる動詞　　P64 D
☞ 時をあらわす語の位置　　P66 E

感兴趣 gǎn xìngqù　興味を持つ
见面 jiàn//miàn 動 会う、対面する
不见不散 bújiàn-búsàn （相手が）来るまで待つ
下课 xià//kè 動 授業が終わる
以后 yǐhòu 方 〜の後
比赛 bǐsài 名 試合
德国 Déguó 固 ドイツ
队 duì 名 チーム
球场 qiúchǎng 名 球技場、コート
门口 ménkǒu 名 出入り口

トレーニング7

❶ ①～③の会話パターンを、お友達と自然に読めるようになるまで、声に出して読み合いましょう。

❷ 中国語で言えますか？　──①～⑤はあなたの答えも中国語にしましょう。──

① あなたは、どこでアルバイトをしていますか？　──【你的回答】

② 何時から何時まで、アルバイトをしていますか？　──【你的回答】

③ あなたのお父さんは、どこで働いていますか？　──【你的回答】

④ 私たちは、どこで何時に待ち合わせしますか？　──【你的回答】

⑤ あなたは、何に興味がありますか？　──【你的回答】

～に興味がある：对～感兴趣

⑥ 母が映画のチケットを2枚くれました。

⑦ 何の料理を注文しましたか？

⑧ （あなたが）来るまで待っていますよ。

❸ A、Bからそれぞれ正しい組み合わせの語を選び、文を作りましょう。また、その文を日本語に訳しましょう。
（語群Bの語は、1回しか選べません）

Tā zài
他 在 ＿＿＿＿A＿＿＿＿　　＿＿＿＿B＿＿＿＿。

A		B	
zhōngcāntīng ①中餐厅	diànyǐngyuàn ②电影院	mǎi dōngxi ①买 东西	chī dàngāo ②吃 蛋糕
shāngdiàn ③商店	kāfēitīng ④咖啡厅	kàn diànyǐng ③看 电影	dǎgōng ④打工

电影院：映画館
蛋糕：ケーキ
商店：店、商店

❹ 会話パターンを参考に、お友達と会話文を作り、会話をしましょう。

① 相手の仕事先や、勤務時間を尋ねてみましょう。（会話パターン①）

② すでに行なったことを尋ねたり、伝えたりしましょう。（会話パターン②）

③ 友人を誘い、待ち合わせ場所と時間を相談しましょう。（会話パターン③）

质问文を聞き取り、下の表をみて中国語で答えましょう。

★和田さんの1日のスケジュール

時刻	中国語	日本語	時刻	中国語	日本語
7:00 am	qǐchuáng 起床	起きる	7:00	huí jiā 回家	
7:30	chī zǎofàn 吃 早饭		7:30	chī wǎnfàn 吃 晚饭	
8:15	shàngxué 上学	登校する	8:00	kàn diànshì 看 电视	
9:00	shàngkè 上课		9:10	xǐzǎo 洗澡	入浴する
12:00 pm	zài shítáng chī wǔfàn 在 食堂 吃 午饭		9:30	fùxí gōngkè 复习 功课	授業の復習をする
6:00	xiàkè 下课		11:30	shuìjiào 睡觉	

【問題】
① _____
② _____
③ _____
④ _____

【回答】
① _____
② _____
③ _____
④ _____

dǎgōng de dìfang
打工的地方：アルバイト先

第八课　你吃过北京烤鸭吗？
Dì bā kè　Nǐ chīguo Běijīng kǎoyā ma?

1 "想"を使って、食べたいもの・行きたいところを、表現しましょう。

Ⓐ Nǐ xiǎng chī shénme?
　你 想 吃 什么？

Ⓑ Wǒ hěn xiǎng chī kǎoyā.
　我 很 想 吃 烤鸭。

Ⓐ Xiǎng qù nǎ jiā cāntīng?
　想 去 哪 家 餐厅？

Ⓑ Nǎr dōu kěyǐ.※
　哪儿 都 可以。

Ⓐ Nà zánmen qù Quánjùdé, zěnmeyàng?
　那 咱们 去 全聚德，怎么样？

※「文法ノート 15 疑問詞の非疑問用法 ❷ 任意のすべてを指す」を参照。

☞ 希望や願望をあらわす助動詞 "想" と "要"　　P73 Ⓔ

xiǎolóngbāo　mápó dòufu
小笼包／麻婆 豆腐

Dǐngtàifēng　Sìchuān fàndiàn
鼎泰丰／四川 饭店

可以　kěyǐ　助動　～しても構わない、～してもよい
餐厅　cāntīng　名　レストラン
全聚德　Quánjùdé　固　全聚徳（ゼンシュトク）
小笼包　xiǎolóngbāo　名　小籠包（ショーロンポー）
鼎泰丰　Dǐngtàifēng　固　鼎泰豊（ディンタイフォン）
四川饭店　Sìchuān fàndiàn　固　四川飯店

2 "过"を使って、経験の有無、またその経験の程度を表現しましょう。

Ⓐ Nǐ chīguo Běijīng kǎoyā ma?
　你 吃过 北京 烤鸭 吗？

Ⓑ Wǒ hái méi chīguo. Nǐ chīguo ma?
　我 还 没 吃过。你 吃过 吗？

Ⓐ Chīguo liǎng cì.
　吃过 两 次。

Ⓑ Kǎoyā zěnmeyàng? hǎochī ma?
　烤鸭 怎么样？好吃 吗？

Ⓐ Wǒ juéde hěn hǎochī, nǐ yīnggāi chī yí cì.
　我 觉得 很 好吃，你 应该 吃 一 次。

☞ 経験をあらわす "过"　　P68 Ⓐ
☞ 時間の長さ・動作の回数を
　　あらわす語の位置（1）　　P69 Ⓑ
☞ 連動文　　P70 Ⓒ

看看　kànkan　ちょっとみる

qù Běihǎidào
去，北海道

qù
去

Qù, hǎojǐ cì
去，好几 次

Běihǎidào, yǒu yìsi
北海道，有 意思

búcuò, qù kànkan
不错，去 看看

觉得　juéde　動　～と感じる、～と思う
好吃　hǎochī　形　美味しい
应该　yīnggāi　助動　～すべきだ
北海道　Běihǎidào　固　北海道
有意思　yǒu yìsi　形　面白い
不错　búcuò　形　好い

会话 第八课

| A 経験をあらわす"过" | B 時間の長さ・動作の回数をあらわす語の位置（1）――目的語がない場合 | C 連動文 | D 疑問詞の"怎么" |
| E 希望や願望をあらわす助動詞"想"と"要" |【時間の長さをあらわす語】|

3 目的地に行く方法や、目的地がどのくらい離れているかを表現しましょう。

Ⓐ Zánmen zěnme qù Quánjùdé?
咱们 怎么 去 全聚德？

Ⓑ Zǒulù qù ba.
走路 去 吧。

Ⓐ Cāntīng lí zhèr yǒu duō yuǎn?
餐厅 离 这儿 有 多 远？

Ⓑ Dàgài shí fēnzhōng ba.
大概 十 分钟 吧。

Nǐ, xuéxiào / Nǐ, chēzhàn
你，学校／你，车站

Zuò diànchē, qù / Qí zìxíngchē, qù
坐 电车，去／骑 自行车，去

Xuéxiào, nǐ jiā / Chēzhàn, nǐ jiā
学校，你 家／车站，你 家

bàn ge xiǎoshí / wǔ fēnzhōng
半 个 小时／五 分钟

☞ 連動文　　　　　P70 C
☞ 疑問詞の"怎么"　P72 D

大概　dàgài　副　だいたい、おおよそ
走路　zǒu//lù　動　（人が）歩く、道を歩く
分钟　fēnzhōng　量　～分間
电车　diànchē　名　電車
半个小时　bàn ge xiǎoshí　30分、半時間

道を尋ねるときに、よく使う言葉

● Qù "Quánjùdé" zěnme zǒu?
　去"全聚德"怎么 走？　　全聚德へはどのように行きますか？（道順）

● Yìzhí (wǎng qián) zǒu.
　一直（往 前）走。　　まっすぐ（前に）行って下さい。　　　一直：真っ直ぐ　往：～へ、～に向かって

● Yìzhí (wǎng qián) zǒu, jiù dào le.
　一直（往 前）走，就 到 了。　　まっすぐ（前に）行ったら着きます。　　　到：着く

● Dàole shízì lùkǒu, wǎng zuǒ guǎi.
　到了 十字 路口，往 左 拐。　　十字路に着いたら、左に曲がります。　　　十字路口：十字路　拐：曲がる

● Dàole hónglǜdēng, xiàng yòu guǎi.
　到了 红绿灯，向 右 拐。　　信号に着いたら、右に曲がります。　　　红绿灯：信号　向：～へ、～に向かって

157

トレーニング8

❶ ①～③の会話パターンを、お友達と自然に読めるようになるまで、声に出して読み合いましょう。

❷ 中国語で言えますか？ ──①②④はあなたの答えも中国語にしましょう。──

① あなたは何を食べたいですか？ ──【你的回答】

② あなたはどこに行きたいですか？ ──【你的回答】

③ どこでもいいです。

④ 中国に行ったことがありますか？ ──【你的回答】

⑤ 私は美味しいと思う。

⑥ 駅から学校までタクシーで10分ほどかかります。

タクシー：**出租车** chūzūchē

❸ 日本語を参考に、次の語を並び替えて、正しい文を作りましょう。

① 去 ／ 走 ／ 东京 站 ／ 怎么
  qù zǒu Dōngjīngzhàn zěnme
東京駅にはどのように行きますか？

② 怎么 ／「こんにちは」／ 用 ／ 说 ／ 汉语
  zěnme   yòng shuō hànyǔ
「こんにちは」を中国語でどのように言いますか？

③ 远 ／ 餐厅 ／ 有 ／ 这儿 ／ 那 家 ／ 离 ／ 多
  yuǎn cāntīng yǒu zhèr nà jiā lí duō
そのレストランはここからどのくらい遠いですか？

④ 多长 时间 ／ 走路 ／ 从 ／ 你 家 ／ 车站 ／ 要 ／ 到
  duōcháng shíjiān zǒulù cóng nǐ jiā chēzhàn yào dào
あなたの家から駅まで歩いてどのくらいかかりますか？

⑤ 学校 ／ 半 个 小时 ／ 坐 ／ 池袋 站 ／ 从 ／ 公共 汽车 ／ 要 ／ 到
  xuéxiào bàn ge xiǎoshí zuò Chídài zhàn cóng gōnggòng qìchē yào dào
池袋駅から学校まで公共バスで30分かかります。

公共汽车：公共バス

❹ 会話パターンを参考に、お友達と会話文を作り、会話をしましょう。

① お互いに食べたいものや行きたいところを相談してみましょう。（会話パターン①）

② どこかに出かけようとしている場面を想定し、目的地がどのくらい離れているか、目的地にどうやって行くかなどを、相談してみましょう。（会話パターン③）

中国語を聞いて、（　）の中に時間を書き入れてみましょう。また、質問文を聞き取り、イラストをみて中国語で答えましょう。

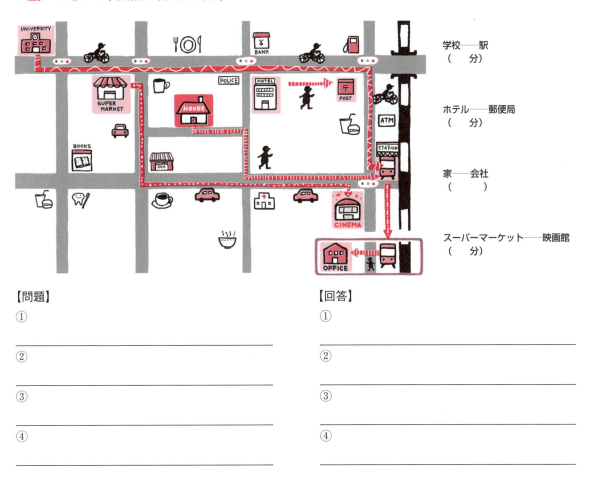

学校——駅
（　　分）

ホテル——郵便局
（　　分）

家——会社
（　　）

スーパーマーケット——映画館
（　　分）

【問題】
① _____
② _____
③ _____
④ _____

【回答】
① _____
② _____
③ _____
④ _____

shēnghuó shèshī
生活设施：生活のための施設

医院 yīyuàn 病院
牙科医院 yákē yīyuàn 歯科医院
加油站 jiāyóuzhàn ガソリンスタンド
派出所 pàichūsuǒ 交番
拉面店 lāmiàndiàn ラーメン屋
书店 shūdiàn 書店
酒店 jiǔdiàn／饭店 fàndiàn ホテル
日式餐厅 Rìshì cāntīng 日本料理レストラン
自动柜员机 zìdòng guìyuánjī／自动取款机 zìdòng qǔkuǎnjī ATM

第九课 能不能便宜一点儿？
Dì jiǔ kè　néng bu néng piányi yì diǎnr?

1 買い物をするときの基本的な表現です。

A: 这个 太 贵 了，能 不 能 便宜 (一) 点儿？
　　Zhège tài guì le, néng bu néng piányi (yì) diǎnr?

B: 已经 很 便宜 了！那 你 能 出 多少 钱？
　　Yǐjīng hěn piányi le! Nà nǐ néng chū duōshao qián?

A: 一百 块 钱 的 话，我 就 买。
　　Yìbǎi kuài qián de huà, wǒ jiù mǎi.

B: 好 吧。你 拿走 吧。
　　Hǎo ba. Nǐ názǒu ba.

☞「デキル」助動詞 "会""能""可以"　P76 A

这件衣服　Zhè jiàn yīfu
五十　Wǔshí
付钱　fù qián

- 太~了 tài~le （あまりにも）～すぎる
- 贵 guì 形 （値段が）高い
- 便宜 piányi 形 安い
- 出 chū 動 出す、出る
- ～的话, 就… de huà, jiù ～ならば…する
- 拿走 názǒu 持っていく、持ち去る
- 付 fù 動 （お金を）払う

2 相手に頼み事をして、連絡先を交換するなどの段取りをする時の表現です。電話のときと、メールのときでは、動詞が違うことに注意しましょう。

A: 你 能 跟 我 一起 去 买 东西 吗？
　　Nǐ néng gēn wǒ yìqǐ qù mǎi dōngxi ma?

B: 当然 了！我 很 愿意。
　　Dāngrán le! Wǒ hěn yuànyì.

A: 我 跟 你 怎么 联系？
　　Wǒ gēn nǐ zěnme liánxì?

B: 你 能 告诉 我 你 的 手机 号码 吗？
　　Nǐ néng gàosu wǒ nǐ de shǒujī hàomǎ ma?

A: 我 的 手机 号码 是 090－8765－4321。　yāo※
　　Wǒ de shǒujī hàomǎ shì 090－8765－4321.

B: 那 我 给 你 打 电话 吧。
　　Nà wǒ gěi nǐ dǎ diànhuà ba.

教我汉语　jiāo wǒ Hànyǔ
邮件地址　yóujiàn dìzhǐ
邮件地址, ai-ya@sina.com　yóujiàn dìzhǐ
发邮件　fā yóujiàn

| A 「デキル」助動詞 "会" "能" "可以" | B 介詞 "给" と "跟" |
| C 方向補語（1） | D 動詞の重ね型 |

※「1」は電話番号や部屋番号を言うときに、"七"との混同を避けるため "yāo" と発音する。

☞「デキル」助動詞 "会" "能" "可以"　P76 **A**
☞介詞 "给" と "跟"　P78 **B**

当然	dāngrán	副 もちろん
愿意	yuànyì	助動 喜んで〜する、〜したい
邮件	yóujiàn	名 Eメール
地址	dìzhǐ	名 住所、アドレス

3 目上の人の部屋に訪問するときの表現です。本文はあまり遠慮しなくてもよさそうな場合で、入れ替え練習は遠慮しながら様子をうかがう場合です。

A　Nín hǎo. Wǒ kěyǐ jìnqu ma?
　　您 好。我 可以 进去 吗？

B　Qǐng jìn qǐng jìn. Nǐ jìnlai ba.
　　请 进 请 进。你 进来 吧。

A　Xièxie, dǎrǎo nín le.
　　谢谢，打扰 您 了。

B　Qǐng zuò. Qǐng hē chá. Chángchang Zhōngguó de tángguǒ.
　　请 坐。请 喝 茶。尝尝 中国 的 糖果。

A　Xièxie nín. Bié máng le. Bù hǎoyìsi.
　　谢谢 您。别 忙 了。不 好意思。

B　Bié kèqi. Qǐng suíbiàn.
　　别 客气。请 随便。

---

dǎrǎo nín
打扰 您

Kěyǐ, méi wèntí
可以, 没 问题

Nà wǒ jiù bú kèqi le
那 我 就 不 客气 了

qiǎokèlì dàngāo
巧克力 蛋糕

Jiù xiàng zài zìjǐ jiāli yíyàng (suíbiàn)
就 像 在 自己 家里 一样 （随便）

☞「デキル」助動詞 "会" "能" "可以"　P76 **A**
☞方向補語（1）　P79 **C**
☞動詞の重ね型　P81 **D**

巧克力	qiǎokèlì	名 チョコレート
像〜一样	xiàng〜yíyàng	〜のように
自己	zìjǐ	名 自分

请	qǐng	動 どうぞ（〜して下さい）
请进	qǐng jìn	お入り下さい
打扰您了	dǎrǎo nín le	お邪魔します
糖果	tángguǒ	名 飴、キャンディー
别〜（了）	bié〜le	副 〜するな〔禁止〕＝"不要"
不好意思	bù hǎoyìsi	申し訳ない、お恥ずかしい
客气	kèqi	動 遠慮する
请随便	qǐng suíbiàn	どうぞお楽に

メールアドレスでよく使う記号

● "@"　àitè / quānA / xiǎolǎoshǔ
　　艾特 / 圈 a / 小老鼠　アットマーク

● "・"　diǎnr
　　点儿　ドット

● "－"　liánzìfú
　　连字符　ハイフン

● "＿"　xiàhuàxiàn
　　下划线　アンダーバー

トレーニング9

❶ ①～③の会話パターンを、お友達と自然に読めるようになるまで、声に出して読み合いましょう。

❷ 中国語で言えますか？　～音がすぐ頭に浮かぶかな？～　加油!!

① あなたは中国語が話せますか？　――私はあまり話せません。

② あなたは自転車にのれますか？　――私はちょっと乗れます。

③ 私たち、先生とちょっと相談しましょう。

相談する：商量 shāngliang

④ あなたとどのように連絡を取りましょうか？　――用があるなら、私に電話をください。

⑤ あなたの携帯番号を私に教えてもらえませんか？

⑥ 今晩私と一緒に法律を勉強できますか？　――もちろん。喜んで。

⑦ お邪魔します。　――どうぞお入り下さい。どうぞおかけ下さい。

⑧ おかまいなく。申し訳ありません。
　　――ご遠慮なく。ご自宅に居るように（お楽に）してください。

❸ ①１～４の事柄ができるかどうか、聞いてみましょう。聞かれた人は答えましょう。
　②５～８の事柄を「私と一緒にしよう」と、誘ってみましょう。

（例）①　Nǐ huì yóuyǒng ma?　　huì yī diǎnr
　　　　你 会 游泳 吗？――会 一 点儿

　　　②（nǐ）Gēn wǒ yìqǐ yóuyǒng ba.　Hǎo a. Duìbuqǐ. Wǒ bú huì yóuyǒng.
　　　　（你）跟 我 一起 游泳 吧。――好 啊。／对不起。我 不 会 游泳。

	huábīng			tiàowǔ	
1	滑冰	スケートをする	2	跳舞	ダンスをする
	tán gāngqín			dǎ tàijíquán	
3	弹 钢琴	ピアノを弾く	4	打 太极拳	太極拳をする
	pǎobù			dǎ pīngpāngqiú	
5	跑步	ジョギングをする	6	打 乒乓球	卓球をする
	dǎ wǎngqiú			dǎ bàngqiú	
7	打 网球	テニスをする	8	打 棒球	野球をする

❹ 会話パターンを参考に、お友達と会話文を作り、会話をしましょう。

① 目の前のものを売り物と仮定して、客は売り主に値切り交渉をしてみましょう。
（会話パターン①）

② お友達に頼み事をして、連絡先を交換してみましょう。（会話パターン②）

質問文を聞き取り、イラストをみて中国語で答えましょう。

【問題】
① _____
② _____
③ _____
④ _____

【回答】
① _____
② _____
③ _____
④ _____

外语 wàiyǔ：外国語

法语 Fǎyǔ フランス語
西班牙语 Xībānyáyǔ スペイン語
越南语 Yuènányǔ ベトナム語
阿拉伯语 Ālābóyǔ アラビア語
葡萄牙语 Pútáoyáyǔ ポルトガル語
德语 Déyǔ ドイツ語
意大利语 Yìdàlìyǔ イタリア語
俄语 Éyǔ ロシア語
韩语 Hányǔ 韓国語
泰语 Tàiyǔ タイ語
印地语 Yìndìyǔ ヒンディー語
土耳其语 Tǔ'ěrqíyǔ トルコ語

第十课 北京比东京冷吗?
Dì shí kè　Běijīng bǐ Dōngjīng lěng ma?

1
年齢を干支で尋ね、更に兄弟姉妹との年の差を尋ねた表現です。

A：Nǐ gēge shǔ shénme?
　你哥哥属什么？

B：Tā shǔ shǔ.
　他属鼠。

A：Gēge bǐ nǐ dà jǐ suì?
　哥哥比你大几岁？

B：Tā bǐ wǒ dà liǎng suì.
　他比我大两岁。

mèimei
妹妹

Tā, lóng
她, 龙

Mèimei, xiǎo
妹妹, 小

Tā, xiǎo
她, 小

☞ 比較（1）　P86 B

鼠 shǔ 名 ネズミ

2
様々な場所の気候や、料理の味などを比べた表現です。

A：Běijīng bǐ Dōngjīng lěng ma?
　北京比东京冷吗？

B：Duì. Běijīng bǐ Dōngjīng lěng de duō.
　对。北京比东京冷得多。

A：Nà Běijīng méiyǒu Zháhuǎng lěng ba.
　那北京没有札幌冷吧。

B：Bù, Běijīng bǐ Zháhuǎng lěng yìdiǎnr.
　不，北京比札幌冷一点儿。

A：Xiàtiān běijīng méiyǒu Dōngjīng rè ba.
　夏天北京没有东京热吧。

B：Bù, Běijīng gēn Dōngjīng yíyàng rè.
　不，北京跟东京一样热。

A：Shì ma! Xiànzài de Běijīng gēn guòqù bù yíyàng le.
　是吗！现在的北京跟过去不一样了。

Sìchuāncài, Běijīngcài, là
四川菜, 北京菜, 辣

Sìchuāncài, Běijīngcài, là
四川菜, 北京菜, 辣

Shànghǎicài, Rìběncài, tián
上海菜, 日本菜, 甜

Shànghǎicài, Rìběncài, tián
上海菜, 日本菜, 甜

Táiwān de diǎnxin, Xiānggǎng de, hǎochī
台湾的点心, 香港的, 好吃

Táiwān de diǎnxin, Xiānggǎng de, hǎochī
台湾的点心, 香港的, 好吃

Táiwān
台湾

会话 第十课

A 様態補語（1）
B 比較（1）
C 主述述語文——「XはYがZ」表現

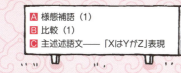

☞ 比較（1）　　P86 B
☞ 主述述語文　P88 C

札幌 Zháhuǎng 固 札幌
夏天 xiàtiān 名 夏
热 rè 形 暑い、熱い
过去 guòqù 名 以前、むかし
四川菜 Sìchuāncài 名 四川料理
北京菜 Běijīngcài 名 北京料理
辣 là 形 辛い
上海菜 Shànghǎicài 名 上海料理
甜 tián 形 甘い
香港 Xiānggǎng 固 ホンコン

3

生活スタイルを、睡眠や起床の時間から尋ねた表現です。
"说得容易 做得难" の表現は、是非覚えて使いましょう。

Ⓐ Nǐ měitiān jǐ diǎn shuìjiào?
你 每天 几 点 睡觉？

Ⓑ Wǒ shuì de hěn wǎn, zǎoshang liǎng diǎn cái shuìjiào.
我 睡 得 很 晚，早上 两 点 才 睡觉。

　　bù wǎn, wǎnshang shíyīdiǎn, jiù
　　不 晚，晚上 十一点，就

Ⓐ Nǐ jǐ diǎn qǐchuáng?
你 几 点 起床？

Ⓑ Qǐ de hěn zǎo, zǎoshang liù diǎn jiù qǐchuáng.
起 得 很 早，早上 六 点 就 起床。

　　bútài zǎo, shàngwǔ jiǔdiǎn, cái
　　不太 早，上午 九点，才

Ⓐ Nǐ shuì de zhème shǎo, wǎnshang zǎo diǎnr shuì ba.
你 睡 得 这么 少，晚上 早 点儿 睡 吧。

　　duō, zǎoshang, qǐ
　　多，早上，起

Ⓑ Nǐ shuō de duì. Búguò, shuō de róngyì zuò de nán.
你 说 得 对。不过，说 得 容易 做 得 难。

☞ 様態補語（1）　P84 A

才 cái 副 やっと〔実現するのに時間がかかったことをあらわす〕
起床 qǐ//chuáng 動 起きる
不过 búguò 接 しかし、でも
容易 róngyì 形 易しい、たやすい
难 nán 形 難しい

トレーニング 10

❶ ①～③の会話パターンを、お友達と自然に読めるようになるまで、声に出して読み合いましょう。

❷ 中国語で言えますか？ ── ①～③はあなたの答えも中国語にしましょう。──

① 中国語は英語より難しいですか？ ──【你的回答】

② あなたは中国語を話すのはどうですか？ ──【你的回答】

③ あなたの学校は中国人の留学生が多いですか？ ──【你的回答】

④ 日本の夏は以前より暑いですか？──以前よりずっと暑い。

⑤ 台湾料理は北京料理ほど塩辛くない。

塩辛い：咸 xián

⑥ 寝るのがそんなに遅いなんて、もっと早く寝なさい。

⑦ おっしゃる通り。

⑧ 言うは易し、行うは難し。

❸ "比""没有""跟"を使って比較の文を作りましょう。

① tā èrshiyī suì　　wǒ shíjiǔ suì
　他 21 岁 ＞ 我 19 岁

② zhège èrbǎirìyuán　　nàge yìbǎirìyuán
　这个 ¥200 ＞ 那个 ¥100

③ zhè kuài dàngāo　　nà kuài dàngāo　tián
　这 块 蛋糕 ＜ 那 块（蛋糕），甜

块：～切れ、～個（塊状、片状のもの）

④ Xiānggǎng sānshiwǔdù　　Táiwān sānshisìdù
　香港 35℃ ≒ 台湾 34℃

❹ 会話パターンを参考に、お友達と会話文を作り、会話をしましょう。

① お友達の兄弟姉妹の有無を尋ねてから、年齢を尋ね、更にお友達との年の差を聞いてみましょう。
（会話パターン①）

② 相手の故郷と、東京の気候や料理の味などを比べてみましょう。（会話パターン②）

③ お互いに睡眠や起床の時間を尋ね、感想を言ってみましょう。（会話パターン③）

質問文を聞き取り、イラストをみて中国語で答えましょう。

①  ②  ③ 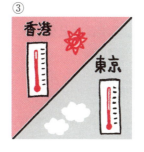 ④

【問題】
①
_____
②
_____
③
_____
④
_____

【回答】
①
_____
②
_____
③
_____
④
_____

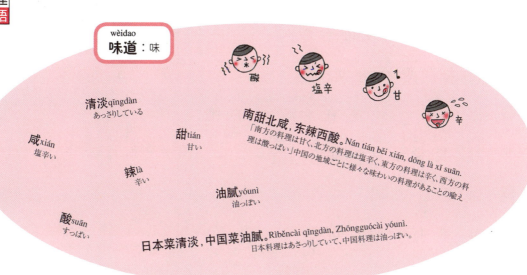

第十一课 Dì shíyī kè
你是什么时候去的？
Nǐ shì shénme shíhou qù de?

1 旅行の様子や中国語の学習状況などが、話題になるときの表現です。

Ⓐ Nǐ qùguo Táiwān ma?
你 去过 台湾 吗？

Ⓑ Wǒ qùguo, búguò zhǐ qùguo Táiběi.
我 去过，不过 只 去过 台北。

Ⓐ Nǐ shì shénme shíhou qù de?
你 是 什么 时候 去 的？

Ⓑ Wǒ shì jīnnián shǔjià qù de.
我 是 今年 暑假 去 的。

Ⓐ Shì yí ge rén qù de ma?
是 一 个 人 去 的 吗？

Ⓑ Bú shì, shì gēn liǎng ge péngyou yìqǐ qù de.
不 是，是 跟 两 个 朋友 一起 去 的。

| Zhōngguó |
| 中国 |
| Běijīng |
| 北京 |
| xué Hànyǔ |
| 学 汉语 |
| shàng dàxué de shíhou xué |
| 上 大学 的 时候，学 |
| gēn Zhōngguó lǎoshī xué |
| 跟 中国 老师，学 |
| Rìběn lǎoshī xué |
| 日本 老师，学 |

☞ "是～的" 構文　　P90 Ⓐ

2 ①と同じく、旅行や中国語の学習などを話題にするときに、よく使う表現です。

Ⓐ Nǐ qùle duōcháng shíjiān Táiwān?
你 去了 多长 时间 台湾？

Ⓑ Wǒ qùle liǎng ge xīngqī.
我 去了 两 个 星期。

Ⓐ Nǐ de T xùshān, shì zài Táiwān mǎi de ba.
你 的 T 恤衫，是 在 台湾 买 的 吧。

Ⓑ Duì, wǒ juéde zhège yánsè búcuò.
对，我 觉得 这个 颜色 不错。

Ⓐ Nǐ hái xiǎng qù ma?
你 还 想 去 吗？

Ⓑ Duì, wǒ dǎsuan míngnián zài qù yí cì.
对，我 打算 明年 再 去 一 次。

| xué, Hànyǔ |
| 学，汉语 |
| xué, yì nián |
| 学，一 年 |
| kùzi, Běijīng |
| 裤子，北京 |
| yàngzi hěn piàoliang |
| 样子 很 漂亮 |

☞ "是～的" 構文　　　　　　　P90 Ⓐ
☞ 予定をあらわす助動詞 "打算"　P93 Ⓒ
☞ 時間の長さ・動作の回数を
　あらわす語の位置 (2)　P94 Ⓓ

T恤衫　T xùshān　名 Tシャツ
颜色　yánsè　名 色
裤子　kùzi　名 ズボン
样子　yàngzi　名 形、格好

| A "是～的"構文 | B 動作・行為の進行をあらわす副詞 "正在" "正" "在"、助詞 "呢" | C 予定をあらわす助動詞 "打算" |
| D 時間の長さ・動作の回数をあらわす語の位置（2）—目的語がある場合 |

3 友人・知人に電話をかけた際、よく使う表現です。先方の様子を気遣うのは、日本と同じです。

Ⓐ Wéi, nǐ zài zuò shénme ne?
喂，你在做什么呢？

Ⓑ Wǒ zài shàngwǎng chá dōngxi.
我在上网查东西。

Ⓐ Nǐ xiànzài kěyǐ shuōhuà ma?
你现在可以说话吗？

Ⓑ Kěyǐ, méi wèntí. Nǐ yǒu shénme shìr?
可以，没问题。你有什么事儿？

Ⓐ Wǒ xiǎng wèn nǐ yí ge wèntí.
我想问你一个问题。

Ⓑ Hǎo ba. Nǐ shuō ba.
好吧。你说吧。

dǎsǎo fángjiān
打扫 房间

shuōhuà fāngbiàn
说话 方便

Fāngbiàn
方便

☞ 動作・行為の進行をあらわす副詞 "正在""正""在"、助詞 "呢" P92 B

喂 wéi 感 もしもし
查 chá 動 調べる
说话 shuō//huà 動 話をする
打扫 dǎsǎo 動 掃除をする
房间 fángjiān 名 部屋
方便 fāngbiàn 形 具合がよい、都合がよい

電話でよく使う表現・言葉

● [李红] zài ma? Zài. Qǐng shāo děng. Tā bú zài.
〔李红〕在吗？——在。请稍等。／她不在。
（李紅さんは）いますか？——います。ちょっとお待ちください。／いません。
稍：少し、ちょっと

● Máfan nǐ, qǐng zhuǎngào tā, kěyǐ ma? Kěyǐ. Nǐ shuō ba.
麻烦你，请转告她，可以吗？——可以。你说吧。
お手数ですが、彼女に伝言していただけますか？——いいですよ。どうぞ。
转告：伝言する

● zhànxiàn
占线 （電話が）話し中である

● guānjī
关机 電源を切る

● Wúfǎ jiētōng.
无法接通。 つながりません。
无法：～する方法がない　接通：（電話が）つながる

トレーニング 11

❶ ①〜③の会話パターンを、お友達と自然に読めるようになるまで、声に出して読み合いましょう。

❷ 中国語で言えますか？ ──①〜⑦はあなたの答えも中国語にしましょう。──

① 中国語をいつ学びましたか？ ──【你的回答】

② 中国語をどこで学びましたか？ ──【你的回答】

③ 誰に教わり（ついて学び）ましたか？ ──【你的回答】

④ 中国語をどのくらい学びましたか？ ──【你的回答】

⑤ 中国語を学習するのは面白いと思いますか？ ──【你的回答】

⑥ 今何をしていますか？ ──【你的回答】

⑦ 冬休みは、何をする予定ですか？ ──【你的回答】

⑧ 今、話をするのにご都合はよろしいでしょうか？
　　　　　　　　　　　　　　　──都合いいですよ。大丈夫です。お話し下さい。

❸ ①〜④の単語を使い、行為に費やした時間を尋ねる疑問文と、回答文を作りましょう。

(例) 学日语，两年　　　你学了多长时间／几年日语？　　　我学了两年日语。

【疑問文】　　　　　　　　　　　　　　　　【回答文】

① 坐飞机，三个半小时　＿＿＿＿＿＿＿＿＿＿　＿＿＿＿＿＿＿＿＿＿

② 住饭店，四天　　　　＿＿＿＿＿＿＿＿＿＿　＿＿＿＿＿＿＿＿＿＿

③ 踢足球，六年　　　　＿＿＿＿＿＿＿＿＿＿　＿＿＿＿＿＿＿＿＿＿

④ 睡觉，八个小时　　　＿＿＿＿＿＿＿＿＿＿　＿＿＿＿＿＿＿＿＿＿

❹ 会話パターンを参考に、お友達と会話文を作り、会話をしましょう。

① お互いに旅行の様子を尋ね、紹介してみましょう。（会話パターン①・②）

② 用事ができた事を想定し、お互いに電話をかけ合ってみましょう。（会話パターン③）

質問文を聞き取りイラストをみて中国語で答えましょう。

① ②③④  ⑤⑥

【問題】
① _____
② _____
③ _____
④ _____
⑤ _____
⑥ _____

【回答】
① _____
② _____
③ _____
④ _____
⑤ _____
⑥ _____

 関連単語

学习方法 xuéxí fāngfǎ：学習方法

- 听写 tīngxiě 聞き取りをする
- 背单词 bèi dāncí 単語を暗記する
- 查资料 chá zīliào 資料を調べる
- 查词典 chá cídiǎn 辞書を調べる
- 练口语 liàn kǒuyǔ 会話を練習する
- 做作业 zuò zuòyè 宿題をする
- 写报告 xiě bàogào レポートを書く
- 念课文 niàn kèwén 教科書の本文を読む

第十二课 Dì shí'èr kè

Wǒ kěyǐ dǎkāi kànkan ma?
我可以打开看看吗?

1 プレゼントをもらったときの表現です。いただいたプレゼントを目の前で開けることは、中国では失礼にはあたりません。

A　Nǐ zhōngyú lái le, wǒ zhèngděngzhe nǐ ne.
　　你 终于 来 了，我 正 等着 你 呢。

B　Zhù nǐ shēngrì kuàilè! Zhè shì nǐ de shēngrì lǐwù.
　　祝 你 生日 快乐！这 是 你 的 生日 礼物。

A　Xièxie! Wǒ kěyǐ dǎkāi kànkan ma?
　　谢谢！我 可以 打开 看看 吗？

B　Dāngrán kěyǐ. Nǐ bié kèqi.
　　当然 可以。你 别 客气。

A　Āiyā! Zhè shì wǒ yìzhí xiǎng yào de dōngxi.
　　哎呀！这 是 我 一直 想 要 的 东西。

B　Shì ma! Tài hǎo le.
　　是 吗！太 好 了。

A　Nǐ shì zěnme zhīdao wǒ yào zhège de?
　　你 是 怎么 知道 我 要 这个 的？

B　Yīnwèi wǒ xiǎngzhe nǐ, suǒyǐ (hé nǐ) xīnxīn-xiāngyìn ba.
　　因为 我 想着 你，所以（和 你）心心相印 吧。

A　Bié kāi wánxiào. Shéi gàosu nǐ de?
　　别 开 玩笑。谁 告诉 你 的？

B　Shì nǐ de hǎo péngyou gàosu wǒ de.
　　是 你 的 好 朋友 告诉 我 的。

☞ 結果補語　　　　　　　　　　　　　　P96 **A**
☞ 動作の状態や結果の持続をあらわす"着"　P98 **B**
☞ 禁止をあらわす副詞"别"と"不要"　　　P99 **C**
☞ 因果関係をあらわす"因为〜，所以…"　P100 **D**

终于 zhōngyú 副 ついに、とうとう
祝 zhù 動 祈る、心から願う
快乐 kuàilè 形 愉快である、楽しい
祝你生日快乐 zhù nǐ shēngrì kuàilè　誕生日おめでとう
打开 dǎkāi　開ける、ほどく
哎呀 āiyā　まあ（驚いたり、意外に思ったりするときに発する言葉）
一直 yìzhí 副 ずっと、一貫して
知道 zhīdao 動 わかる、知っている
心心相印 xīnxīn-xiāngyìn　以心伝心、心が通じ合う

A 結果補語	B 動作の状態や結果の持続をあらわす"着"
C 禁止をあらわす副詞"別"と"不要"	
D 因果関係をあらわす"因为~,所以…"	

2 友達に連れていってもらいたいところを提案し、「絶対だよ！」と約束してみましょう。

Ⓐ Zhǎodào zhège hěn bù róngyì ba. Tài xièxie nín le.
　找到 这个 很 不 容易 吧。太 谢谢 您 了。

Ⓑ Bú kèqi. Zhǐyào nǐ xuéhǎo Hànyǔ jiù hǎo.
　不 客气。只要 你 学好 汉语 就 好。

Ⓐ Méi wèntí, wǒ yídìng néng xuéhǎo.
　没 问题，我 一定 能 学好。

Ⓑ Nà nǐ xuéhǎo le, jiù dài wǒ qù Xī'ān ba.
　那 你 学好 了，就 带 我 去 西安 吧。

Ⓐ Duì le, nǐ yìzhí shuō "Xiǎng qù kàn Xī'ān de chéngqiáng". Hǎo! Wǒ yídìng dài
　对 了，你 一直 说 "想 去 看 西安 的 城墙"。好！我 一定 带
　nǐ qù.
　你 去。

Ⓑ Tài hǎo le! Yìyán-wéidìng!
　太 好 了！一言为定！

☞ 結果補語　　　　　　　　　　　P96 A
☞ 動作の状態や結果の持続をあらわす"着"　P98 B

只要~就…　zhǐyào~jiù…　~さえすれば…
学好　xuéhǎo　習得する、マスターする
就　jiù　副　~ならば…だ／する
带　dài　動　(引き)連れる
西安　Xī'ān　固　西安
对了　duì le　そうだ
城墙　chéngqiáng　名　城壁
好　hǎo　形　よし、わかった
一言为定　yìyán-wéidìng　必ずそうする(一度約束した以上反故にはしない)

"別"を用いたよく使う表現:

● bié jièyì 別 介意　気にしないで
● bié miǎnqiǎng 別 勉强　無理しないで
● bié jǐnzhāng 別 紧张　緊張しないで
● bié fèixīn le 別 费心 了　気を使わないで

"祝你"を用いたよく使う表現:

● Zhù nǐ xīnnián〔xīnchūn〕kuàilè! 祝 你 新年〔新春〕快乐!　初春のおよろこびを申し上げます。
● Zhù nǐ yílù píng'ān! 祝 你 一路 平安!　道中ご無事で。
● Zhù nǐ lǚtú yúkuài! 祝 你 旅途 愉快!　ご旅行をお楽しみ下さい。
● Zhù nǐ shēntǐ jiànkāng! 祝 你 身体 健康!　ご健康をお祈りします。

トレーニング12

❶ ①と②の会話文を、お友達と自然に読めるようになるまで、声に出して読み合いましょう。

❷ 中国語で言えますか？ 〜音がすぐ頭に浮かぶかな?〜 加油!!

① 私は仕事がすでに見つかりました。

② 親友が私に話したので、私はこの事を知っています。

③ 冗談です。怒らないで下さい。

④ 開けてみてもいいですか？

⑤ 丁度待っていたところです。

⑥ あなたを思っていたので、心が通じ合ったのでしょう。

⑦ あなたが中国語をマスターしさえすればいいです。

⑧ 私を必ず長城に連れていってね。約束しましたよ。

❸ 日本語を参考に、次の語を並べ替えて、正しい文を作りましょう。

① dǎ / zhèr / qǐng / shǒujī / búyào / zài
打 / 这儿 / 请 / 手机 / 不要 / 在
ここで携帯をかけないで下さい。

② wǒ / chuáng / kàn / tǎng / shū / shang / zài / zhe / xǐhuan
我 / 床 / 看 / 躺 / 书 / 上 / 在 / 着 / 喜欢
私はベッドで横になりながら本を読むのが好きだ。

③ hē / zài / zìláishuǐ / bú yào / Zhōngguó / Nǐ
喝 / 在 / 自来水 / 不 要 / 中国 / 你
中国で水道水を飲んではいけません。

自来水：水道水

④ chuānzhe / de / rén / nàge / hóng / kùzi / jiùshì / Lǐ Hóng
穿着 / 的 / 人 / 那个 / 红 裤子 / 就是 / 李 红
李紅さんはあの紅いズボンをはいている人です。

❹ ①と②の会話文を参考に、お友達と会話文を作り、会話をしましょう。

① お友達からプレゼントをもらったときの嬉しい気持ちを、いろいろな言い方で伝えましょう。

② お友達にどうしてその事を知っているのかを尋ね、お友達は説明してあげましょう。

質問文を聞き取り、イラストをみて中国語で答えましょう。

①    ②    ③    ④

【問題】
①
_____
②
_____
③
_____
④
_____

【回答】
①
_____
②
_____
③
_____
④
_____

gǎnqíng　　xǐyuè de xīnqíng
感情①（喜悦的・心情）
：感情①（喜びの表現）

第十三课 Dì shísān kè
你看得懂中文书吗？
Nǐ kàndedǒng Zhōngwén shū ma?

1 中国語を聞き取れなかったときの表現や、好きなものをより細かく表現してみましょう。

Ⓐ Nǐ shuō Hànyǔ shuō de tài kuài le, wǒ tīngbudǒng.
你说汉语说得太快了，我听不懂。

Ⓑ Wǒ zài shuō yíbiàn ba：Nǐ xǐhuan zuò shénme?
我再说一遍吧：你喜欢做什么？

Ⓐ Wǒ xǐhuan kàn shū, tèbié xǐhuan kàn tuīlǐ xiǎoshuō. Nǐ ne?
我喜欢看书，特别喜欢看推理小说。你呢？

Ⓑ Wǒ duì lìshǐ xiǎoshuō zuì gǎn xìngqù, búguò yě kàn tuīlǐ xiǎoshuō.
我对历史小说最感兴趣，不过也看推理小说。

Ⓐ Nà nǐ xǐhuan nǎge zuòjiā de zuòpǐn?
那你喜欢哪个作家的作品？

Ⓑ Wǒ ài kàn "Xīyě Guīwú". Tā de zuòpǐn zài Zhōngguó xiāngdāng yǒu rénqì.
我爱看"西野 圭吾"。他的作品在中国相当有人气。

Ⓐ Shì ma! Wǒ yě hěn xǐhuan tā de zuòpǐn, hěn xiǎng kàn yi kàn Zhōngwénbǎn.
是吗！我也很喜欢他的作品，很想看一看中文版。

Ⓑ Tā de Zhōngwénbǎn, wǒ yīnggāi fàngzài shūbāo li… Ńg? Zěnme méiyǒu ne?
他的中文版，我应该放在书包里…。嗯？怎么没有呢？

Kěnéng wàngzài jiā li le.
可能忘在家里了。

Ⓐ Shì ma. Tài kěxī le.
是吗。太可惜了。

☞ 可能補語　　P102 **A**
☞ 動詞＋"在"　P103 **B**

特别 tèbié 副 とりわけ、特に
推理小说 tuīlǐ xiǎoshuō 名 推理小説
对～感兴趣 duì~gǎn xìngqù 　～に興味がある
作家 zuòjiā 名 作家
作品 zuòpǐn 名 作品
爱 ài 動 (…することが)好きだ
相当 xiāngdāng 副 相当、かなり
有人气 yǒu rénqì 　人気がある
中文版 Zhōngwén bǎn 　中国語版
嗯 ńg 感 おや？ あれ？〔疑いや怪しみをあらわす〕
可能 kěnéng 副 ～かもしれない、～らしい
可惜 kěxī 形 残念である

A 可能補語　B 動詞＋"在"
C 義務・必要性をあらわす助動詞"要""得""应该"
D 存現文　E 仮定をあらわす"如果～（的话），（就）…"

2 興味のあるものを相手に紹介してもらえるよう、頼んでみましょう。

Ⓐ Máfan nǐ, Qǐng màn diǎnr shuō, hǎo ma?
麻烦你，请慢点儿说，好吗？

Ⓑ Hǎo de. Nǐ kàndedǒng Zhōngwén shū ma?
好的。你看得懂中文书吗？

Ⓐ Rúguǒ jiǎndān de huà, wǒ jiù kàndedǒng.
如果简单的话，我就看得懂。

Ⓑ Nǐ yào tígāo Hànyǔ shuǐpíng, yīnggāi duō tīng Hànyǔ, duō kàn Zhōngwén shū.
你要提高汉语水平，应该多听汉语，多看中文书。

Ⓐ Zhīdao le. Nǐ néng gěi wǒ jièshào jǐ běn jiǎndān de Zhōngwén shū ma?
知道了。你能给我介绍几本简单的中文书吗？

Ⓑ Wǒ jiā li bǎi zhe bù shǎo Zhōngwén shū. Nǐ lái wǒ jiā tiāo jǐ běn ba.
我家里摆着不少中文书。你来我家挑几本吧。

Ⓐ Xièxie nín, wǒ tài gāoxìng le!
谢谢您，我太高兴了！

☞ 可能補語　　　　　　　　　　　　P102 A
☞ 義務・必要性をあらわす助動詞
　　"要""得""应该"　　　　　　　 P105 C
☞ 存現文　　　　　　　　　　　　　P107 D
☞ 仮定をあらわす"如果～（的话），（就）…" P108 E

麻烦你 máfan nǐ　お手数をおかけします
慢 màn 形 ゆっくり、遅い
简单 jiǎndān 形 簡単である
提高 tí//gāo 動 引き上げる、高める
水平 shuǐpíng 名 レベル、水準
摆 bǎi 動 並べる
挑 tiāo 動 選ぶ

トレーニング13

❶ ①と②の会話文を、お友達と自然に読めるようになるまで、声に出して読み合いましょう。

❷ 中国語で言えますか？　～音がすぐ頭に浮かぶかな?～　加油!!

① あなたはどこに住んでいますか？——【你的回答】

② どうかもっとゆっくり言って下さい。

③ お手数ですが、もう一度言って下さい。

④ 簡単な中国語なら、聞いてわかります。

⑤ もし中国語のレベルを上げたいなら、中国語をたくさん聴いて、中国語の本をたくさん読まなければいけない。

⑥ すみません、先生の話を聞き取れませんでした。

⑦ いい中国映画をいくつか紹介してくれませんか？

⑧ 私は歴史小説を読むのが特に好きで、三国志演義にもっとも興味があります。

三国志演義：三国演义 Sānguóyǎnyì

❸ 日本語を参考に、次の語を並べ替えて、正しい文を作りましょう。

① yǒu / wàiguórén / Rìběn / hěn / duō
　有 / 外国人 / 日本 / 很 / 多
　日本にはたくさんの外国人がいます。

外国人：外国人

② dǒng / shū / ma / kàn / zhè / nǐ / de / běn
　懂 / 书 / 吗 / 看 / 这 / 你 / 得 / 本
　あなたはこの本を読んでわかりますか？

③ de / Zhāng lǎoshī / yòubiānr / zhàn / jiùshì / zài / rén
　的 / 张老师 / 右边儿 / 站 / 就是 / 在 / 人
　右に立っている人が張先生です。

④ shíjiān / míngtiān / bàogào / jīntiān / děi / wǒ / méiyǒu / jiāo
　时间 / 明天 / 报告 / 今天 / 得 / 我 / 没有 / 交
　今日は時間がありません。明日レポートを出さなければいけないので。

❹ ①と②の会話文を参考に、お友達と会話文を作り、会話をしましょう。

① 自分が聞き取れない時の状況を想定し、相手にもう一度話してくれるよう、お願いしてみましょう。

③ 自分の好きなものを詳しく説明し、相手にも興味のあるものを紹介してもらいましょう。

会话 第十三课

 質問文を聞き取り、イラストをみて中国語で答えましょう。

①  ②  ③  ④

【問題】
①
___
②
___
③
___
④
___

【回答】
①
___
②
___
③
___
④
___

関連単語

各种音乐 gèzhǒng yīnyuè ：音楽ジャンル

- 古典音乐 gǔdiǎn yīnyuè　クラシック音楽
- 音乐剧 yīnyuèjù　ミュージカル
- 歌剧 gējù　オペラ
- 爵士音乐 juéshì yīnyuè　ジャズ
- 灵魂音乐 línghún yīnyuè　ソウルミュージック
- 摇滚乐 yáogǔnyuè　ロック
- 流行歌曲 liúxíng gēqǔ　流行歌

各种小说 gèzhǒng xiǎoshuō ：小説ジャンル

- 侦探小说 zhēntàn xiǎoshuō　探偵小説
- 恋爱小说 liàn'ài xiǎoshuō　恋愛小説
- 科幻小说 kēhuàn xiǎoshuō　SF小説
- 纪实文学 jìshí wénxué　ノンフィクション
- 历史小说 lìshǐ xiǎoshuō　歴史小説
- 爱情故事 àiqíng gùshi　ラブストーリー

第十四课 下个星期就要考试了
Dì shísì kè　Xià ge xīngqī jiùyào kǎoshì le

1 ものを借りたり、貸したりするときの表現です。また、ある事柄について納得したときには"原来是这样"と使ってみましょう。

Ⓐ Nǐ néng bu néng bǎ nǐ de cídiǎn jiègěi wǒ yíxià?
你 能 不 能 把 你 的 词典 借给 我 一下？

Ⓑ Méi wèntí. Nǐ de diànzǐ cídiǎn zěnme le? Diū le ma?
没 问题。你 的 电子 词典 怎么 了？丢 了 吗？

Ⓐ Wǒ dìdi bǎ wǒ de cídiǎn názǒu le. Tā yìzhí méi huángěi wǒ.
我 弟弟 把 我 的 词典 拿走 了。他 一直 没 还给 我。

Ⓑ Xià ge xīngqī jiùyào kǎoshì le. Nǐ zěnme bàn?
下 个 星期 就要 考试 了。你 怎么 办？

Ⓐ Méi bànfǎ. Wǒ zhǐhǎo qù túshūguǎn xuéxí.
没 办法。我 只好 去 图书馆 学习。

Ⓑ Éi? Nǐ zhǎo dìdi yàohuilai ba.
欸？你 找 弟弟 要回来 吧。

Ⓐ Bùxíng. Tā bǎ cídiǎn nádào Běijīng qù le.
不行。他 把 词典 拿到 北京 去 了。

Ⓑ Yuánlái shì zhèyàng a.
原来 是 这样 啊。

Ⓐ Wǒ juéde shàngcì de kǎoshì yǒudiǎnr nán. Nǐ juéde ne?
我 觉得 上次 的 考试 有点儿 难。你 觉得 呢？

Ⓑ Wǒ yě juéde yǒudiǎnr nán. Bù zhīdao zhècì zěnmeyàng.
我 也 觉得 有点儿 难。不 知道 这次 怎么样。

Ⓐ Lí kǎoshì búdào yí ge xīngqī le. Zánmen hǎohāor zhǔnbèi ba.
离 考试 不到 一 个 星期 了。咱们 好好儿 准备 吧。

☞ "把"構文　　　　　　　　　P110 Ⓐ
☞ 近接未来の表現 "就要～了" ほか　P112 Ⓑ
☞ "觉得""认为" などの動詞　　　P113 Ⓒ
☞ "有点儿"　　　　　　　　　P114 Ⓓ

欸 éi 感 おや？〔いぶかる気持ちをあらわす〕
要回来 yàohuilai 返してもらう、取り返す
原来 yuánlái 副 なんだ(…であったのか)
这样 zhèyàng 代 こんな、このような
上(一)次 shàngcì 前回
这(一)次 zhècì このたび、今度
好好儿 hǎohāor 副 よく、十分に

会话 第十四课

A "把"構文　B 近接未来の表現 "就要～了" ほか
C "觉得""认为" などの動詞　D "有点儿"

2 相手に「こんなこと知ってる？」と尋ねる時の表現です。中国ならではの風習を紹介しています。

A 考完试就放春假了。你打算怎么过？
Kǎowán shì jiù fàng chūnjià le. Nǐ dǎsuan zěnme guò?

B 快春节了。我打算去北京的朋友家，跟他家人一起过年。
Kuài Chūnjié le. Wǒ dǎsuan qù Běijīng de péngyou jiā, gēn tā jiārén yìqǐ guònián.

A 真羡慕你！你能体验北京的春节。
Zhēn xiànmù nǐ! Nǐ néng tǐyàn Běijīng de Chūnjié.

B 对了！你知道中国人为什么把"福"字倒着贴吗？
Duì le! Nǐ zhīdao Zhōngguórén wèi shénma bǎ "fú" zì dǎozhe tiē ma?

A 当然了！因为"倒"和"到"是同音字。如果你听到"Fú dào le"的话，就可以想到是"福到了"。也就是说"幸福来到了"。
Dāngrán le! Yīnwèi "dào" hé "dào" shì tóngyīnzì. Rúguǒ nǐ tīngdào "Fú dào le" de huà, jiù kěyǐ xiǎngdào shì "Fú dào le". Yě jiùshì shuō "Xìngfú láidào le".

B 你说得很对。这种传统习俗真有趣。
Nǐ shuō de hěn duì. Zhè zhǒng chuántǒng xísú zhēn yǒuqù.

A 对了！你给我买个"福"字回来吧！
Duì le! Nǐ gěi wǒ mǎi ge "fú" zì huílai ba!

B 好啊。我一定给你买回来一个。
Hǎo a. Wǒ yídìng gěi nǐ mǎihuilai yí ge.

☞ "把"構文　P110 A
☞ 近接未来の表現 "就要～了" ほか　P112 B

就 jiù 副 ～したらすぐ…
放春假 fàng chūnjià 春休みになる
过 guò 動 過ごす、暮らす
春节 chūnjié 名 春節、旧正月
过年 guò//nián 動 新年を祝う　年を越す
羡慕 xiànmù 動 うらやむ、うらやましがる
体验 tǐyàn 動 体験する
倒 dào 動 逆さまにする、ひっくり返す
贴 tiē 動 貼る
同音字 tóngyīnzì 名 同音異義語
听到 tīngdào 聞こえる
想到 xiǎngdào 頭に浮かぶ、思いつく

到 dào 動 着く、到着する
也就是说 yě jiùshì shuō 言い換えれば～である
来到 láidào 到来する、到着する
种 zhǒng 量 種、種類
传统习俗 chuántǒng xísú 伝統的な風俗習慣
有趣 yǒuqù 形 面白い

トレーニング14

❶ ①と②の会話文を、お友達と自然に読めるようになるまで、声に出して読み合いましょう。

❷ 中国語で言えますか？　〜音がすぐ頭に浮かぶかな?〜　加油!!

① あなたの車をちょっと貸してもらえませんか？　——いいですよ（大丈夫ですよ）。

② なるほど、そうだったのか。

③ 彼は電子辞書をまだ私に返してくれていない。（"把"を使って）

④ ここで人民元を日本円に両替できますか？（"把"を使って）

⑤ 王さんはどうしました？　彼は来ないのですか？

⑥ 私は中国語がちょっと難しいと思います。

⑦ もうすぐクリスマスです。あなたはどのように過ごす予定ですか？

⑧ あなたは和田さんがどうして授業に来ないのか知っていますか？

❸ 日本語を参考に、次の語を並べ替えて、正しい文を作りましょう。

① le / bǎ / diū / búyào / nǐ / hùzhào
　了 / 把 / 丢 / 不要 / 你 / 护照
　パスポートをなくさないように。

护照：パスポート

② nádào / qù / tā / diànnǎo / le / xuéxiào / bǎ
　拿到 / 去 / 她 / 电脑 / 了 / 学校 / 把
　彼女はコンピュータを学校へ持って行った。

③ bǎ / yàohuílai / ba / zhǎo / nǐ / dìdi / cídiǎn
　把 / 要回来 / 吧 / 找 / 你 / 弟弟 / 词典
　あなたは弟に辞典を返してもらいなさいよ。

④ bǎ / tā / yíwàn rìyuán / tā / wǒ / huángěi / wǒ / le / jiègěi / de / zhōngyú
　把 / 他 / 一万 日元 / 他 / 我 / 还给 / 我 / 了 / 借给 / 的 / 终于
　彼は私が彼に貸した1万円をやっと返してくれた。

❹ ①と②の会話文を参考に、お友達と会話文を作り、会話をしましょう。

① "能不能把〜"を使って、相手に色々なことを頼んでみましょう。

② "就要〜了"を使って、もうすぐ起こる事柄を、時間も入れて、表現してみましょう。（関連単語参照のこと）

質問文を聞き取り、イラストをみて中国語で答えましょう。

①  ②  ③  ④

【問題】
①
___
②
___
③
___
④
___

【回答】
①
___
②
___
③
___
④
___

第十五课 请帮帮忙
Dì shíwǔ kè　qǐng bāngbang máng

① 友人に「手伝って」と頼む表現、そして「申し訳ないんだけど、～だからできない」と断る表現です。

Ⓐ Míngtiān nǐ yǒu kòngr ma?
　明天 你 有 空儿 吗？

Ⓑ Yǒu kòngr. Nǐ yǒu shénme shìr?
　有 空儿。你 有 什么 事儿？

Ⓐ Wǒ xiǎng qǐng nǐ bāngbang máng.
　我 想 请 你 帮帮 忙。

Ⓑ Méi wèntí, nǐ xiǎng ràng wǒ bāng nǐ zuò shénme?
　没 问题，你 想 让 我 帮 你 做 什么？

Ⓐ Wǒ qǐngle jǐ ge péngyou lái wǒ jiā chī wǎnfàn.
　我 请了 几 个 朋友 来 我 家 吃 晚饭。

Ⓑ Duìbuqǐ. Suīrán wǒ míngtiān yǒu kòng, dànshì wǎnshang bāngbuliǎo nǐ de máng.
　对不起。虽然 我 明天 有 空，但是 晚上 帮不了 你 的 忙。

Ⓐ Wèi shénme?
　为 什么？

Ⓑ Yīnwèi Wǎnshang wǒ māma bú ràng wǒ chūqu, suǒyǐ wǒ Qùbuliǎo.
　因为 晚上 我 妈妈 不 让 我 出去，所以 我 去不了。

Ⓐ Yuánlái shì zhèyàng a! Hěn yíhàn.
　原来 是 这样 啊！很 遗憾。

☞ 兼語文 "请" と "让"　　P116 Ⓐ
☞ 逆接の言い方　　P117 Ⓑ

帮不了 bāngbuliǎo　手伝えない
出去 chūqu　（内から外へ）出る、出て行く
去不了 qùbuliǎo　行けない
遗憾 yíhàn　形 残念である、遗憾である

A 兼語文 "请" と "让"　B 逆接の言い方
C 方向補語（2）——目に見えない抽象的方向
D "越〜越…"

2 ただ断るだけでなく、相談にのってあげる表現も覚えましょう。

Ⓐ 你帮我 想想。我 做 什么 才 好 呢？
Nǐ bāng wǒ xiǎngxiang. Wǒ zuò shénme cái hǎo ne?

Ⓑ 我 想出 一 个 好 办法 来了！你 和 朋友们 包 饺子 吧。
Wǒ xiǎngchu yí ge hǎo bànfǎ láile! Nǐ hé péngyoumen bāo jiǎozi ba.

Ⓐ 你 的 主意 很 好！大家 一起 包 饺子 很 不错，越 包 越 热闹。
Nǐ de zhǔyi hěn hǎo! Dàjiā yìqǐ bāo jiǎozi hěn búcuò, yuè bāo yuè rènao.

Ⓑ 是 的。大家 会 自然而然 地 聊起来，是 个 很 好 的 交流 方法。
Shì de. Dàjiā huì zìrán'érrán de liáoqilai, shì ge hěn hǎo de jiāoliú fāngfǎ.

Ⓐ 而且 要 做 的 准备 也 不 多。太 好 了，谢谢 你。
Érqiě yào zuò de zhǔnbèi yě bù duō. Tài hǎo le, xièxie nǐ.

Ⓑ 不 客气。这 是 我 应该 做 的。祝 你 玩儿 得 开心！
Bú kèqi. Zhè shì wǒ yīnggāi zuò de. Zhù nǐ wánr de kāixīn!

☞ 方向補語（2）　P118 C
☞ "越〜越…"　P120 D

办法 bànfǎ 名 方法、手段、やり方
包 bāo 動 包む、くるむ
包饺子 bāo jiǎozi ギョーザを作る
主意 zhǔyi 名 考え
自然而然 zìrán'érrán 形 自然に、おのずと
＊聊 liáo 動 雑談する、よもやま話をする
聊起来 liáoqilai 話し始める
交流 jiāoliú 名 交流
开心 kāixīn 形 愉快である、楽しい

 "让" を使った、よく使う表現：

気遣いの表現：

● 让 你 久 等 了。　お待たせしました。
Ràng nǐ jiǔ děng le.

● 让 你 受累 了。　お疲れさま。
Ràng nǐ shòulèi le.

● 让 你 破费 了。　散財をおかけしました。
Ràng nǐ pòfèi le.

● 让 你 费心 了。　ご心配をおかけしました。お世話をかけました。
Ràng nǐ fèixīn le.

自分から行動するときの表現：

● 让 我 说 一 下 吧。　私に言わせて下さい。
Ràng wǒ shuō yí xià ba.

● 让 我 来 吧。　私にやらせて下さい。
Ràng wǒ lái ba.

● 让 我 介绍介绍 吧。　私に紹介させて下さい。
Ràng wǒ jièshaojièshao ba.

トレーニング15

❶ ①と②の会話文を、お友達と自然に読めるようになるまで、声に出して読み合いましょう。

❷ 中国語で言えますか？　～音がすぐ頭に浮かぶかな？～　加油!!

① ちょっと手伝って下さい。私のかわりにちょっと考えてみて下さい。

② 中国人の友達は、私を彼の家で春節を過ごすよう招いてくれた。

③ それはいい考えだ！　ありがとう！
　　　　　　　　　　　　　　――どういたしまして。当然のことをしたまでです。

④ 私たちは自然に話し始めた。

⑤ 彼女の名前、あなたは思い出しましたか？――思い出せません。

⑥ 彼女は日本にいる時間は長くないのに、彼女の日本語はことのほか上手です。

⑦ 私は皆と一緒にギョーザを作ることが、とても好きです。

⑧ 楽しく遊べますように。

❸ 日本語を参考に、次の語を並べ替えて、正しい文を作りましょう。

① 了／吃饭／请／他／我
<small>le　chīfàn　qǐng　tā　wǒ</small>
彼は私にご飯をご馳走してくれた。

② 帮／作业／让／妈妈／我／做／我 弟弟
<small>bāng　zuòyè　ràng　māma　wǒ　zuò　wǒ　dìdi</small>
お母さんは私に弟が宿題をするのを手伝わせる。

③ 我／她／我／那 本／还给／让／书／想／把
<small>wǒ　tā　wǒ　nà běn　huángěi　ràng　shū　xiǎng　bǎ</small>
彼女にあの本を私に返してもらいたい。

④ 吗／翻译／好／小 王／咱们／一 下／请
<small>ma　fānyì　hǎo　xiǎo Wáng　zánmen　yí xià　qǐng</small>
私たち王さんにちょっと通訳してもらいましょう、いいですか？

翻译：訳す、翻訳する、通訳する

❹ ①と②の会話文を参考に、お友達と会話文を作り、会話をしましょう。

① "请帮我"を使って、お友達に「～するのを手伝って」と頼んでみましょう。

② 「手伝うことができない」と断わるだけでなく、その理由を説明しましょう。

質問文を聞き取り、イラストをみて中国語で答えましょう。

① 　② 　③ 　④

【問題】
①
_____
②
_____
③
_____
④
_____

【回答】
①
_____
②
_____
③
_____
④
_____

感情② (悲伤的心情 bēishāng de xīnqíng)
gǎnqíng
：感情②（悲しみの表現）

- 真难过 zhēn nánguò 本当につらい
- 真讨厌 zhēn tǎoyàn 本当に嫌だ
- 真可惜 zhēn kěxī 本当に残念だ
- 真烦人 zhēn fánrén まったく嫌になる
- 很失望 hěn shīwàng とてもがっかりした
- 真倒霉 zhēn dǎoméi まったくついてない
- 很生气 hěn shēngqì 腹が立つ
- 很悲伤 hěn bēishāng とても悲しい
- 没办法 méi bànfǎ しかたない
- 真伤心 zhēn shāngxīn ひどく傷ついた
- 很痛苦 hěn tòngkǔ ひどく苦しい

第十六课 你日语说得比我的好
Dì shíliù kè　Nǐ Rìyǔ shuō de bǐ wǒ de hǎo

日本人Ⓐが中国人Ⓑの家に遊びに来ています。

1 中国人のお友達を作りたい、でも中国語に自信がないということはありませんか？　そんな不安な気持ちの表現や、中国語の言い方がわからないときに中国語で質問する表現を紹介しています。

Ⓐ Nǐ Rìyǔ shuō de bǐ wǒ hǎo. Nǐ shì zěnme xué de?
你 日语 说 得 比 我 好。你 是 怎么 学 的？

Ⓑ Wǒ jīngcháng gēn Rìběn péngyou zài yìqǐ. Wǒmen yìbiānr liáotiānr yìbiānr xué Rìyǔ.
我 经常 跟 日本 朋友 在 一起。我们 一边儿 聊天儿 一边儿 学 日语。

Ⓐ Wǒ de Zhōngguó péngyou bù duō. Nǐ gěi wǒ jièshaojièshao ba.
我 的 中国 朋友 不 多。你 给 我 介绍介绍 吧。

Ⓑ Xià ge xīngqītiān wǒ yuēle jǐ ge Zhōngguó péngyou jiànmiàn, nǐ yě lái cānjiā ba.
下 个 星期天 我 约了 几 个 中国 朋友 见面，你 也 来 参加 吧。

Ⓐ Shì ma? Tài hǎo le! …Búguò, wǒ kěnéng tīngbudǒng tāmen de Hànyǔ, zěnme bàn ne?
是 吗？太 好 了！…不过，我 可能 听不懂 他们 的 汉语，怎么 办 呢？

Ⓑ Nǐ fàngxīn ba. Tāmen de Rìyǔ bǐ wǒ de hái hǎo. Nǐ bù míngbai de huà, jiù ràng tāmen shuō Rìyǔ ba.
你 放心 吧。他们 的 日语 比 我 的 还 好。你 不 明白 的 话，就 让 他们 说 日语 吧。

Ⓐ Hǎo de. Wǒ yǒu bù míngbai de dìfang, jiù yòng Rìyǔ wèn.
好 的。我 有 不 明白 的 地方，就 用 日语 问。

Ⓑ Nǐ kěyǐ zhèyàng wèn "～～(Mǒumǒu) shì shénme yìsi?" huòzhě "Wǒ méi míngbai nǐ shuō de yìsi".
你 可以 这样 问 "～～（某某）是 什么 意思？" 或者 "我 没 明白 你 说 的 意思"。

Ⓐ Hǎo de, zhīdao le!
好 的，知道 了！

☞ 様態補語（2）　P123 **B**
☞ 比較（2）　P124 **C**
☞ "一边儿~，一边儿…"　P125 **D**

聊天儿 liáo//tiānr 動 世間話をする、雑談する
约 yuē 動 約束する
参加 cānjiā 動 参加する、加わる
放心 fàng//xīn 動 安心する
明白 míngbai 動 わかる、理解する
某某 mǒumǒu なになに
或者 huòzhě 接 あるいは

A "被" 構文 B 様態補語（2）——比較を用いた表現
C 比較（2）構文——"更"と"还"を用いた表現
D 一边儿～，一边儿…

2

帰る時の訪問側と接待側それぞれの表現を紹介しています。覚えておくと、その場をスムーズに収束させ、お別れすることができます。

Ⓐ 哟，时间 不 早 了。我 该 走 了。
Yō, shíjiān bù zǎo le. Wǒ gāi zǒu le.

Ⓑ 时间 还 早 呢，你 再 呆 一会儿 吧。
Shíjiān hái zǎo ne, nǐ zài dāi yíhuìr ba.

Ⓐ 不 行，今天 我 得 坐 公共 汽车 回去。末班车 的 时间 是 十 点。
Bù xíng, jīntiān wǒ děi zuò gōnggòng qìchē huíqu. Mòbānchē de shíjiān shì shí diǎn.

Ⓑ 你 为 什么 坐 公共 汽车 呢？平时 不 是 骑 自行车 或者 开车 的 吗？
Nǐ wèi shénme zuò gōnggòng qìchē ne? Píngshí bú shì qí zìxíngchē huòzhě kāichē de ma?

Ⓐ 今天 自行车 被 我 姐姐 骑走 了，汽车 被 我 妈妈 开走 了。所以 我 只好 坐 公共 汽车 回去。
Jīntiān zìxíngchē bèi wǒ jiějie qízǒu le, qìchē bèi wǒ māma kāizǒu le. Suǒyǐ wǒ zhǐhǎo zuò gōnggòng qìchē huíqu.

Ⓑ 噢，那 没 办法。我们 集合 的 时间 和 地点 定下来 以后，就 跟 你 联系。
Ō, nà méi bànfǎ. Wǒmen jíhé de shíjiān hé dìdiǎn dìngxialai yǐhòu, jiù gēn nǐ liánxì.

Ⓐ 好 吧，等 你 的 联系。谢谢，今天 跟 你 聊 得 真 开心。
Hǎo ba, děng nǐ de liánxì. Xièxie, jīntiān gēn nǐ liáo de zhēn kāixīn.

Ⓑ 我 也 是。有 空 再 来 吧。请 慢走。
Wǒ yě shì. Yǒu kòng zài lái ba. Qǐng mànzǒu.

Ⓐ 谢谢。不用 送 了！请 留步，请 留步。
Xièxie. Búyòng sòng le! Qǐng liúbù, qǐng liúbù.

Ⓑ 下 个 星期 见！
Xià ge xīngqī jiàn!

Ⓐ 下周 见！
Xiàzhōu jiàn!

☞ "被" 構文　P122 Ⓐ

该 gāi 助動 ～すべきである
呆 dāi 動 （あるところに）とどまる、滞在する
末班车 mòbānchē 名 終電車、終バス
平时 píngshí 名 ふだん、平素
噢 ō 感 ああ（そうか）
地点 dìdiǎn 名 地点、場所
定下来 dìngxialai 決まる

慢走 mànzǒu 動 どうぞお気をつけて
留步 liúbù 動 どうぞそのままで、お見送りには及びません
周 zhōu 名 週、週間

トレーニング 16

❶ ①と②の会話文を、お友達と自然に読めるようになるまで、声に出して読み合いましょう。

❷ 中国語で言えますか？　～音がすぐ頭に浮かぶかな？～　加油!!

① 雨に濡れないように。　　　　　　　　　　　　　　　びっしょり濡れる：淋湿 línshī

②「だいじょうぶ」とはどのような意味ですか？　──"没问题"という意味です。

③ すみません。あなたが言っている意味がわかりません。

④ 時間が遅いので、私はそろそろ帰ります。

⑤ まだ時間は早いですから、もうちょっとゆっくりしてらっしゃい。

⑥ 車は母に乗っていかれてしまったので、私はバスに乗って行くしかない。

⑦ 集まる時間と場所が決まったら、私にちょっと教えて下さい。

⑧ 今日あなたと話せて楽しかった。──私もです。

❸ 次の文を"被"を用いた受身文にして、日本語に訳しましょう。

　　　　Dìdi　názǒule　wǒ　de　cídiǎn.
① 弟弟　拿走了　我　的　词典。

　　　　Xiǎotōur　tōuzǒule　wǒ　de　qiánbāo.
② 小偷儿　偷走了　我　的　钱包。

　　　　Lǎoshī　pīpíng　wǒmen　le.
③ 老师　批评　我们　了。

　　　　Xiǎo Zhāng　hái　méi　názǒu　nà　běn　shū.
④ 小　张　还　没　拿走　那　本　书。

❹ ①と②の会話文を参考に、お友達と会話文を作り、会話をしましょう。

① "～是什么意思？"を用いて、身の回りの物を、中国語で説明してみましょう。

② 帰るときの定型句を使って、友人の家から帰るときの会話文を作りましょう。

質問文を聞き取り、イラストをみて中国語で答えましょう。

①  ②  ③  ④  ⑤

【問題】

① _____

② _____

③ _____

④ _____

⑤ _____

【回答】

① _____

② _____

③ _____

④ _____

⑤ _____

旅游汉语 lǚyóu hànyǔ：トラベル中国語

有会说日语的人吗？Yǒu huì shuō Rìyǔ de rén ma?
日本語を話せる人はいますか？

欢迎光临。Huānyíng guānglín.
ようこそいらっしゃいませ。

有几位？Yǒu jǐ wèi?
何名でいらっしゃいますか？

欢迎再来。Huānyíng zài lái.
またお越しください。

预订飞机票 yùdìng fēijīpiào
飛行機のチケットを予約する

登机牌 dēngjīpái
搭乗券、ボーディングパス

轻轨铁路 qīngguǐ tiělù
市街地・近郊電車

航班 hángbān
就航ダイヤ、便(びん)

兑换人民币 duìhuàn rénmínbì
人民元に両替する

海关 hǎiguān
税関

申请签证 shēnqǐng qiānzhèng
ビザを申請する

充值 chōngzhí
入金する、チャージする

申请护照 shēnqǐng hùzhào
パスポートを申請する

机场巴士 jīchǎng bāshì
リムジンバス

填写入境卡 tiánxiě rùjìngkǎ
入国カードに記入する

文法ノート

1 "了"と時制

　中国語の動詞には時制の変化がありません。中国語では、動詞の変化を用いないで「過去・現在・未来」を区別します。その区別は、「昨日、今年、来週」などの言葉を補う形で示します。
　"工作（働いている）"や"学习（勉強している）"などの「継続行為」をあらわす動詞の場合：

過去：我以前在邮局工作。　　　　　　（私は以前郵便局で働いていました。）

現在：我现在在邮局工作。　　　　　　（私は今郵便局で働いています。）

未来：我明年在邮局工作。　　　　　　（私は来年郵便局で働きます。）

　動作や出来事の発生時が過去・現在・未来と異なっていても、動詞"工作"の部分は変化しません。動作の時点が述語に直接反映されないことが、中国語の特徴の一つです。

　"吃（食べる）""买（買う）"などの「動作」をあらわす動詞の場合：
　動作が実現していれば、"了"が必要です。"了"が「だった、した」と訳されるので、よく過去のことをあらわすのに使われると思われがちですが、それは違います。

過去：昨天我吃了四个汉堡包。　　　　（昨日私はハンバーガーを4つ食べました。）

現在：我刚吃完了。　　　　　　　　　（わたしはたった今食べ終わりました。）

未来：咱们吃完了就去买东西吧。　　　（私たち食べ終わったら買い物に行きましょう。）

　動詞に直接接続する"了"は、状態の変化や動作の実現・完成・完了をあらわす語であり、過去・現在・未来のいずれにも使うことができます。

2 アスペクト

　アスペクト（相）とは、その動作が行われようとしている〔将然〕のか、行われている最中〔持続〕なのか、すでに行われてしまった〔完了〕のかなど、動作がどのような段階にいるかという「動作の段階の様相（ありさま）」を示す概念です。中国語では、動作表現として、このアスペクトが大切なしくみとなっています。
　動作の後について、アスペクトを表示する助詞は3種類あります。

〔完了〕　動作がすでに実行し、行われた→　"V 了"
〔持続〕　動作が行われた結果、その状態が続いている→"V 着"
〔経験〕　動作がかつて行われたことがある→"V 过"

このほか、副詞や助動詞の助けを借りて示されるアスペクトとして、次の2種類があります。

〔将然〕 動作が行われようとしている→ "快要（就要／要／快）～了"
〔進行〕 動作が行われている最中→ "正在～呢"

3 離合詞

ひとかたまりの動詞のように見えるものの、実は「動詞＋目的語」という構成になっており、切り離して使うことのできる動詞を「離合詞」といいます。
【1】離合詞の間に、他の要素を入れることができます。
【2】また、それ自身が「VO」構造となっているため、その語の後にさらに目的語を置くことができません。〔×留学大连　×毕业大学〕←"学"、"业"が目的語（O）
　　そのため、動作・行為の対象を表現するときは、①介詞を用いたり②その対象を離合詞の間に入れたりします。

離合詞	【1】	【2】
吃饭	吃了三顿饭。（三食ご飯を食べた。）	①跟他吃饭。（彼とご飯を食べる。）
做菜	做了什么菜？	①给他做菜。（彼に料理を作る。）
游泳	游一个小时泳。	①在游泳池游泳。（プールで泳ぐ。）
打工（アルバイトをする）	打几个小时工？	①在面包店打工。
留学（留学する）	留过一年学。	①在大连留学。（大連に留学する。）
毕业（卒業する）	毕得了业吗？（卒業できますか？）	①（从）大学毕业。（大学を卒業する。）
结婚（結婚する）	结过一次婚。	①跟她结婚。（彼女と結婚する。）
见面（会う）	见过一次面。	①跟她见面。（彼女と会う。） ②见她一面。（同上）
帮忙（手伝う）	帮一下忙。（ちょっと手伝って。）	①给他帮忙。（彼を手伝う。） ②帮他的忙。（同上）
生气（怒る）	生什么气？（何を怒っているの？）	①跟他生气。（彼に腹を立てる。） ②生他的气。（同上）

※中日辞典では、二文字のピンインの間に「//」が入り、"～//～" という形で記載されている（例："吃饭 chī//fàn" "游泳 yóu//yǒng" "打工 dǎ//gōng"）。これは "chī ↔ /fàn" のように、間に助詞や修飾語など、他の要素が入ってこられることを示している。辞書を引いて確かめてみよう！

4 "会"の発展した用法

❶「〜するのが上手だ」——"会"の前に副詞"很""真""最"などをつけることができます。

我妈妈（很）会买东西。　　　（母は（とても）買い物上手だ。）
我弟弟（真）会说话。　　　　（弟は（本当に）話し上手だ。）
他很会做菜。　　　　　　　　（彼はとても料理が上手い。）
她在我们班里最会唱歌儿。　　（彼女はクラスの中で一番歌が上手い。）

　　※否定："不会"は「〜するのが下手だ」という意味になります。

❷可能性、蓋然性をあらわす「〜だろう」「〜のはずだ」——しばしば"的"（断定の語気助詞）をともないます。

她一定会来的。（彼女はきっと来るだろう。）　　他不会不知道的。（彼が知らないはずがない。）

5 "能"と"可以"のどちらでも使える場合

以下のような表現をする場合には、"能"と"可以"のどちらでも使えます。

❶客観的条件がそなわることにより「できる」
　你喝酒了，不［能／可以］开车。

・答えるとき肯定文は"可以"を用い、否定文は"不能"を用いる。
　这儿［能／可以］用信用卡吗？　——可以。／不行・不成。
　　　　　　　　　　　　　　　　——那家可以用，我们这儿不能用。

❷許可されて「できる」——「〜してよい」「（〜するのに）差し支えない」
　现在［可以／能］进来吗？　——可以。／不行・不成・不可以。

・答えるとき肯定文は"可以"を用い、否定文は"不能"を用いる。
　这儿［可以／能］拍照吗？　——那儿可以拍照，这儿不能。

拍照：写真を撮る

6 連動文 "有（=V₁）+O+V₂"

V₁が所有をあらわす"有"（または"没有"）のとき、目的語（O）の内容について、二つ目の動詞（V₂）が補充説明しています。

　※この用法は、動詞の発生順に動詞が並んだものではありません。

有衣服穿　　　　　（着る服がある）
没有东西吃　　　　（食べるものがない）
你今天晚上有地方住吗？　　（あなたは今晩泊まる場所がありますか？）
我已经没有钱买东西了。　　（私はもう買い物をするお金がありません。）

【練習】次の〔 〕内の語句を、与えられた日本語の意味になるように、並べ替えましょう。

①我〔睡　地方　有〕。　　　　　　　　　　　　（私は寝る場所がある。）
②他们〔旅行　没有　去　时间〕。　　　　　　　（彼らは旅行に行く時間がない。）
③我〔吃饭　有　现在　时间　才〕。　　　　　　（私は今やっとご飯を食べる時間ができた。）
④我〔他　机会　一直　见面　没有　跟〕。　　　（私はずっと彼に会う機会がなかった。）

7 補語

　動詞または形容詞の後につき、「動作・行為や性質・状態について具体的に補足説明をする」成分です。補語はそのあらわす意味によって、結果補語、方向補語、可能補語、様態補語、程度補語（〜得多、〜得很、〜多了など）、数量補語（動作量や時間量）などがあります。

　※英文法でいう補語（主語や目的語について補足説明するもの）とは異なります。

英語：I am a student.　「a student」が補語
中国語：我　是　学生。　「学生」は目的語

8 動詞句、形容詞句の「定語」——動詞句、形容詞句の連体修飾

　名詞性の体言を修飾する連体修飾を「定語」といい、被修飾語の前に置きます。「定語」になるには、通常"的"を後ろに伴う必要がありますが、熟語化している場合には、"的"が省略されます。まずは、すでに第二課で学んだ名詞の「定語」をおさらいしましょう。

❶ 名詞の「定語」：东洋大学的学生　　老师的课本　　中国朋友　　汉日词典　　我哥哥的同学

❷ 動詞句の「定語」："的"が必要です。（太字部分が動詞句）
　　　　　你要的东西，买到了吗？　　我说的汉语，你听懂了没有？
　　　　　昨天看的电影没意思。　　这是我上个星期在北京买的眼镜。　　　　　　　眼镜：めがね

❸ 形容詞句が「定語」："的"は往々にして必要なのですが（①③）、名詞の「定語」のように熟語化しているものは「的」が省略されます（②）。（太字部分が形容詞句）

① 2音節形容詞：好吃的菜　　可爱的狗　　优秀的人　　干净的房间　　　　　　　优秀：優秀である
　　　　　　　　妈妈喜欢买便宜的东西。　　　　　　　　　　　　　　　　　　　干净：きれいである

② 1音節形容詞：辣的菜　　好人　　大商店　　新衣服
　　　　　　　　她是我的好朋友。

③副詞+形容詞：**最**高的山　　**很**有名的人　　**十分**高兴的消息　　**相当**愉快的旅行

十分：十分に、非常に　　**相当**：相当、かなり

他是个**很**有名的人。

※形容詞が肯定文の述語になる場合（例：我很好。）と違い、形容詞が定語になる場合には"很"の付加は義務ではありません。そのため"很"は通常「とても」の意味になります。

④形容詞"多""少"：**很多**(的)学生　　**很多**(的)东西　　**很少**(的)人　　**不少**(的)人

不少人知道这件事。

※単独ではなく、副詞（很、不など）が加えられた形が用いられます。
[×多学生　×少人]

9　形容詞の「状語」——形容詞の連用修飾

動詞や形容詞を修飾する連用修飾語を「状語」といい、被修飾語の前に置きます。「状語」になる形容詞は限られており、通常は助詞の"地 de"を後ろに伴って用いられます。

那个学生总是**认真地**学习。　　　　　　　　　　　　　　**总是**：いつも　**认真**：真面目に
我们**热烈地**欢迎日本朋友访问中国。　　　　　　　　　**热烈**：熱烈である　**访问**：訪問する

動詞の前から直接修飾する形容詞もありますが、特定のものに限られています。

直接修飾する形容詞："多""少""快""慢""早""晚""久""认真""热烈"など

请**多**关照。　　　　　　　　　　　　（どうぞよろしくお願いします。）
早睡**早**起　　　　　　　　　　　　（早寝早起き）
让你**久**等了。　　　　　　　　　　　　（お待たせしました。）
你**多**吃菜，**少**喝酒。　　　　　　　（料理はたくさん食べて、お酒は控えなさい。）
这件衣服，我**很少**穿。　　　　　　　　（この服は、めったに着ない。）
那个学生总是**认真**学习。　　　　　　　（あの学生はいつも真面目に勉強している。）
我们**热烈**欢迎日本朋友访问中国。　　　（日本の友達が中国に訪れたことを大変歓迎します。）

※最後の2文は、上記のように"地"を加えた形でもいえます。

10　使い方の違いを整理しよう

❶ 4つの"在"

① 動詞の"在"——"在"＋場所「（場所）にある／いる」　　　　　我**在**学校。
② 介詞の"在"——"在"＋場所＋V「（場所）で～する」　　　　　我**在**大学学习汉语。
③ 結果補語の"在"——V＋"在"＋場所「（場所）に～する／している」　你坐**在**沙发上吧。
④ 副詞の"在"——"在"＋V（＋O）＋（呢）「～している」　　　我**在**学习汉语(呢)。

※②「"在"＋場所＋V」と③「V＋"在"＋場所」の比較：

②介詞フレーズの「"在"＋場所」：動作が行われる場所をあらわす

③動補フレーズの「"在"＋場所」：動作の結果、人や物が存在する場所をあらわす

「V＋"<u>在</u>"＋場所」は、人や物が動作の結果、その場所に存在するという状態をあらわします。それ

に対して「"在"＋場所＋V」は、あくまでも「動作が行われる場所」をあらわしており、「動作に関わる人や物が存在する場所」には、あまり注意をむけていません。そのため、「V＋"在"＋場所」と同じ内容を表現するには、"着 zhe" などの要素をつけます。それによって、介詞フレーズの「"在"＋場所」は、「状態が出現している場所」をあらわすことができます。

以下の文に明確な意味の違いはありませんが、「"在"＋場所＋V」の形は動詞に付加成分を伴っていることに注意しましょう。

  ⅰ）她在北京出生的。（彼女は北京で生まれた。）
   她出生在北京。　（同上）
  ⅱ）我在床上躺着。（私はベットに横になっている。）
   我躺在床上。　（私はベッドに横になっている。／ベッドに横になる。）

❷3つの構造助詞 "de"

① "的" 定語のマーカー（名詞を修飾する）──修飾語＋"的"＋「名詞」
她是铃木的朋友。
这是我最喜欢的小说。

② "地" 状語のマーカー（動詞・形容詞を修飾する）──修飾語＋"地"＋「動詞・形容詞」
我们热烈地欢迎你到中国来。
你应该好好儿地休息。

③ "得" 補語のマーカー
 ⅰ）様態補語を導く──動詞＋"得"＋形容詞等：她唱歌唱得跟歌手一样好。
 ⅱ）可能補語の肯定形をつくる：我听得懂他的汉语。

❸3つの "得"

①助詞の "de" 補語のマーカー（上記❷-③参照）
我说汉语说得不太好。
他吃得了这么多菜吗？

②動詞の "dé"「得る」
这次考试，她得了一百分。
她得病了。

③助動詞の "děi"「〜しなければならない」
时间不早了，我得回家。
下个星期我得去一趟北京。

11 副詞 "〜就…" のいろいろな使い方

❶時間副詞

①「すぐ」「じきに」
短時間内に、ある動作がなされる。または、ある状態がすぐに現れる。
我就去。（すぐ行きます。）
你等一会儿，她马上就回来。（しばらくお待ち下さい、彼はすぐ帰ってきます。）

② 「～したらすぐ…」
　2つの動作が引き続いて行われる。
　从这儿一直走就到了。　　　　　　　（ここをまっすぐ行ったらすぐ着きます。）
　走十多分钟就能到。　　　　　　　　（10分余り行ったらすぐ着きます。）
　她一听就明白了。　　　　　　　　　（彼女は聞くなりすぐに理解した。）
　考完试就放春假了。　　　　　　　　（試験が終わったらすぐ春休みだ。）

③ 「早くも、もう」
　すでに起こった動作や事態の発生が早いと感じるとき。
　我早上六点就起床了。　　　　　　　（私は朝6時には起きます。）
　他从小就喜欢做菜。　　　　　　　　（彼は子供の頃から料理を作るのが好きだった。）
　她从五岁就开始学毛笔字。　　　　　（彼女は5歳からもう習字を学び始めた。）

～比較～
　"～才…"「やっと、ようやく」
　動作や事態の発生が遅いと感じたときには、"才"を用いる。
　我妈妈早上七点才起床。　　　　　　（私の母は朝7時になってやっと起きた。）
　走了十多分钟才到。　　　　　　　　（10分余り行ってようやく着きます。）
　我现在才明白。　　　　　　　　　　（私は今ようやくわかった。）
　她从十岁才开始学弹钢琴。　　　　　（彼女は10歳になってやっとピアノを学び始めた。）

　　　※才は通常、語気助詞の"了"を伴いません。

❷ 関連副詞
　〔仮定をあらわす文〕＋就＋〔帰結を導く文〕「～ならば…である」
　前文の仮定・条件を受けて、"就"の後には帰結の内容を導く。
　（如果）你想吃就吃吧。　　　　　　（（もし）あなたが食べたければ食べなさい。）
　（如果）你有事儿就找我吧。　　　　（（もし）用があったら私を訪ねておいで。）
　（要是）你学好了，就带我去西安吧。（（もし）あなたがマスターしたら、私を西安に連れてって。）
　（只要）你喜欢就好。　　　　　　　（あなたが好きで（さえ）あればいいことです。）
　（只要）你学好汉语就好。　　　　　（あなたが中国語をマスター（しさえ）すればいいことです。）

❸ 語気副詞
① 「まさに、ほかでもなく」という肯定の気持ちをあらわす。
　问题就在那儿。　　　　　　　　　　（問題はまさしくそこにあります。）
　我要的手机就是这个。　　　　　　　（私が欲しい携帯はまさにこれです。）
　她就是徐老师。　　　　　　　　　　（彼女が徐先生です。）

② 「絶対に、何が何でも」
　我就不看。　　　　　　　　　　　　（私は絶対に見ません。）
　我就不说。　　　　　　　　　　　　（私は絶対に言いません。）
　我就不告诉你。　　　　　　　　　　（私は絶対にあなたに教えません。）

❹ 範囲副詞
「ただ、わずかに」
範囲を限定し、数が少ないことをあらわす。

这家店的菜就有这么几种。	（この店の料理は数えるほどしかない。）
我就要这个。	（私が欲しいのはこれだけです。）
她一天就吃一顿饭。	（彼女は1日に1食しか食べません。）

12 V₁ が "有" の「兼語文」──S+"有（V₁）"+兼語（O）+V₂

V₁ に "有" を使った兼語文では、その兼語となる目的語は **不特定の人・モノ** でなければなりません。この用法では、"有" が人の存在を述べ、V₂フレーズでその人に対する説明が加えられています。

他有一个女儿在北京留学。	（彼には北京に留学している娘が1人いる。）
我们大学有一位老师姓王。	（私たちの大学には王という名前の先生が1名いらっしゃる。）
没有人了解我说的话。	（誰も私の話を理解しない。）

13 "被" 以外の受身文

❶ "叫" や "让" を使った受身文

"叫" "让" も「AはBに～される」という受身の意味をあらわします。ただし、"被" とは異なり、"叫" または "让" の後に続く動作主を省略できません。

自行车让弟弟骑走了。	（自転車は弟に乗って行かれた。）
杯子让孩子打碎了。	（コップは子供に割られた。）
我的电子词典叫妹妹拿到北京去了。	（私の電子辞書は妹に北京に持ち去られた。）
我叫妈妈骂了一顿。	（私は母に叱られた。）

❷ 意味上の受身

"被" "叫" "让" などの受身をあらわす言葉を用いなくても、動作の受け手が主語になるとき、受身の意味をあらわす場合もあります。

她的书出版了。	（彼女の本は出版された。）
这篇小说很多人都知道。	（この小説はたくさんの人に知られている。）
房间打扫得很干净。	（部屋はきれいに掃除されている。）

14 「自然現象の発生」をあらわす文──非主述文（主語がない文）

自然現象の発生を表現するとき、「〜が…する」の「〜が」に該当する主体要素は、動詞の後に目的語として置かれます。例えば、「地震が起こる」をあらわす文は、"发生地震" となります。

このように、**予知しない現象が突然発生したことを表現するとき、その「新情報」は動詞の後に置かれます**。自然現象が発生した場合、「〜が」の主体要素は、予知しない新たに発生した「新情報」にあたりますので、動詞の後ろに目的語として置かれます。（p107の存現文の例文は、「新情報」の人や物─ある人やある物─が出現することをあらわしています。）

下雨（雨が降る）　　打雷（雷が鳴る）　　刮风（風が吹く）　　出太阳（お日様が出る）
打雷了！　　刮着大风。　　在下着大雪呢。　　［× 雷打　× 大风刮着］

15 疑問詞の非疑問用法

❶ 不定の意味をあらわす

「何か食べたい？」「どこかで会ったことがある」「誰か答えられませんか？」「いつか行きたいね」のように、「何か」「どこか」「いつか」「誰か」は疑問を投げかけているのではなく、はっきりしない「不定のもの・場所・人・時間」を指しています。これと同じ用法は、中国語にもあります。この場合、疑問詞だけでは疑問文にはならないので、疑問文にするには"吗"が必要です。

【不定】
何か：你想吃点儿什么吗？
どこか：我好像在哪儿见过她。
誰か：谁能回答这个问题吗？
いつか：我想什么时候去一趟南极。

【疑問】
何が：你想吃点儿什么？
どこに：咱们去哪儿玩儿？
誰か：你知道他是谁？
いつ：你什么时候去美国？

好像：～のような気がする、まるで～のようだ

南極：南極

❷ 任意のすべてを指す

「疑問詞＋"都／也"～」の形で、「誰でも・何でも・いつでも・どこでも」という、任意のあらゆる人・物・時・場所などをあらわすことができます。

这件事儿谁都知道。　　　　（この事は誰でも知っている。）
我什么也不想吃。　　　　　（私は何も食べたくない。）
你什么时候来都行。　　　　（あなたはいつ来てもいいですよ。）
我哪儿都可以。　　　　　　（私はどこでもいい。）

【練習】次の文を日本語に訳してみましょう。

① 我想什么时候去英国看你。　_____

② 我想喝点儿什么。　_____

③ 你还要吃什么吗？　_____

④ 暑假你打算去哪儿旅游吗？　_____

16 接続成分を用いた複文

"因为～所以…""虽然～但是…"のように、意味上の繋がりをもつ二つ以上の単文が組み合わさった文を複文といいます。複文の構成要素となっている単文間の関係から、タイプ分けをすることができます。課文ですでに学習した表現以外に、以下の表現もよく使われます。

【並列関係】

① "又／既~又…"「～でもあるし、また…でもある」
　　　　　　　yòu jì yòu
这家饭馆又便宜又好吃。　　　　　（あの店は安くて美味しい。）
她既会说上海话，又会说广东话。　（彼女は上海語も話せるし、広東語も話せる。）

② "不是～而是…"「～でなくて…だ」
　　今天不是星期三，而是星期四。　　　　　（今日は水曜でなくて木曜だ。）
　　我不是不能做，而是不想做。　　　　　　（私はできないのではなく、したくないのだ。）

③ "有时（候）～有时（候）…"「時には～、時には…」
　　他有时开车来，有时骑自行车来。　　　　（彼は時には車で来たり、時には自転車で来たりしている。）
　　我们有时候打乒乓球，有时候打篮球。　　（私たちは時には卓球をし、時にはバスケットボールをする。）

【追加関係】
"不但（不仅）～而且…"「～だけでなく、その上…」
　　他不但会说英语，而且还会说汉语。　　　（彼は英語ができるだけでなく、中国語もできる。）
　　这家店不但价钱便宜，而且东西也很好。　（この店は値段が安いばかりでなく、物もいい。）

【仮定条件】
"即使／就是～也…"／「たとえ～であっても…」
　　你就是说错了，也没关系。　　　　　　　（言い間違えてもかまわないよ。）
　　即使明天下雨，我也要去。　　　　　　　（たとえ明日雨が降っても私は行く。）

【条件関係】
① "只要～就…"「～しさえすれば…」
　　只要你喜欢，我就给你买。　　　　　　　（君が好きなら、買ってあげよう。）
　　你只要坚持下去，就能学好汉语。　　　　（あなたが頑張りさえすれば、中国語をマスターできる。）

② "只有～才…"「～してこそはじめて…だ」
　　你只有努力学习，才能学好汉语。　　　　（一生懸命勉強して、はじめて中国語をマスターできる。）
　　这件事，只有你才办得成。　　　　　　　（この件はあなたしかやり遂げられない。）

③ "不管／无论～都／也…"「～であっても…だ」
　　不管你怎么说，我也不去。　　　　　　　（あなたがどんなに言っても、私は行かない。）
　　无论什么都可以。　　　　　　　　　　　（なんでもいい。）

【先後関係】
① "先～然后…"「まず～して、それから…」
　　咱们先去银行取款，然后去买电脑吧。　　（まず銀行に行きお金を下ろして、それからパソコンを買いに行こう。）
　　你先尝一口，然后再说好吃不好吃。　　　（まず味をみて、それからおいしいかどうかを言いなさい。）

② "先～再…"「まず～して、それから…」
　　咱们先休息一下再工作吧。　　　　　　　（まずひと休みしてそれから仕事にかかろう。）
　　我先洗个澡再吃晚饭。　　　　　　　　　（まず風呂に入ってから晩ご飯を食べます。）

③ "一～就…"「～するとすぐ…」
　　他一说，我就明白了。　　　　　　　　　（彼がちょっと言っただけで、私は理解した。）

明白：わかる、理解する

単文の形式で表現することも多い。
　　我一看就知道她不是中国人。　　　　　　（私はちょっと見ただけで、彼女は中国人ではないとわかった。）

【選択関係】
"不是~就是…"「~でなければ…だ」
  他每天晚上**不是**学习，**就是**跑步。　　　（彼は毎晩勉強していなければ、ジョギングをしている。）
  今天的天气**不是**下雨，**就是**刮风。　　　（今日の天気は、雨が降らなければ風が吹く。）

【因果関係】
"既然~就/也…"「~したからには…，~である以上…」
  你**既然**做起来，**就**得做到底。　　　（やり始めたからには、徹底的にやるべきだ。）
  既然你一定要去，我**也**不反对。　　　（君がどうしても行くというのなら、私もあえて反対しない。）

【逆接関係】
"尽管~也/还是…"「~にもかかわらず、やはり…」
  我**尽管**回得多么晚，**也**有时间跟狗玩儿。　　　（どんなに遅く帰ろうとも、愛犬と遊ぶ時間はある。）
  尽管下这么大的雨，我**还是**要去。　　　（こんな大雨だけれども、私は行かねばならない。）

【目的関係】
"为了~"「~のために」
  为了学习法律，我上大学了。　　　（法律を学ぶために、大学に進学しました。）
  我这样做都是**为了**孩子。　　　（私がこうするのはすべて子供のためです。）

195ページ〔練習〕の解答
① 我有把握。　② 他们没有时间去学习。　③ 我现在有时间去旅行。　④ 他一直没有机会跟她见面。

200ページ〔練習〕の解答
① 私はいつかあなたに会いにアメリカに行きたい。　② 私は何か食べに行きたい。　③ あなたは時間があれば買えますか？　④ 夏休みがあなたはどこか旅行に行く予定ですか？

単語表

*『文法編』、『会話編』の重要単語はゴシック体でページ数を示しています

A

哎呀	āiyā	感	まあ（驚いたり、意外に思ったりするときに発する言葉）	172
爱	ài	動	愛する	118
		動	（…することが）好きだ	176
爱好	àihào	名	趣味	146
爱上	àishang		好きになる	118
暗	àn	形	暗い	110

B

把	bǎ	介	〜を（…する）	110
爸爸	bàba	名	お父さん	29, 137
白山站	Báishān zhàn	固	白山駅	64, 144
百	bǎi	数	百	45
摆	bǎi	動	並べる	104, 177
搬	bān	動	運ぶ、移す	80
搬动	bāndòng	動	運ぶ	105
班	bān	名	クラス	45
半	bàn	数	半、半分	141
半个小时	bàn ge xiǎoshí		30分、半時間	157
半天	bàntiān	数量	長い時間	95
办法	bànfǎ	名	方法、手段、やり方	185
帮	bāng	動	助ける、手伝う	116
帮不了	bāngbuliǎo		手伝えない	184
搬过去	bānguoqu		運んでいく	80
帮忙	bāng//máng	動	手伝う、助ける	98
包	bāo	動	包む、くるむ	185
包饺子	bāo jiǎozi		ギョーザを作る	185
包子	bāozi	名	肉まん	42
饱	bǎo	形	おなかがいっぱいだ	88
报	bào	名	新聞	118
报告	bàogào	名	レポート	93, 105
报纸	bàozhǐ	名	新聞	68
杯子	bēizi	名	コップ	141
北边（儿）	běibian(r)	方	北	49
北海道	Běihǎidào	固	北海道	156
北京	Běijīng	固	北京	32
北京菜	Běijīngcài	名	北京料理	165
北京烤鸭	Běijīng kǎoyā	名	北京ダック	50
背	bèi	動	暗唱する	119
背下来	bèixialai		暗唱する、暗唱しておく	119
被	bèi	介	〜に…される	122
本	běn	量	〜冊	42
笔	bǐ	名	ペン	27, 30
比	bǐ	介	〜より、〜に比べて	86
比赛	bǐsài	名	試合	153
比赛	bǐsài	動	試合をする	112
毕业	bì//yè	動	卒業する	112
遍	biàn	量	〜回、〜遍（初めから終わりまで通して）	69, 94
便利店	biànlìdiàn	名	コンビニ	62
别	bié	副	〜するな	98
别的	bié de	代	他の（もの）	114, 141
别〜（了）	bié〜(le)	副	〜するな（禁止）＝"不要"	161
别人	biérén	代	他の人	111
不	bù	副	〜でない〔否定〕	21
不错	búcuò	形	好い	156
不过	búguò	接	しかし、でも	165
不好意思	bù hǎo yìsi		申し訳ない、お恥ずかしい	161
不见不散	bújiàn-búsàn		（相手が）来るまで待つ	153
不冷（也）不热	bù lěng (yě) bú rè		熱くも寒くもない、ちょうどよい気候だ	149
不是	bú shì		〜ではない、そうではあません	27
不太〜	bú tài〜		あまり〜ない	22, 128
不要	búyào	副	〜しないで、〜するな	99
不用	búyòng	副	〜する必要がない、〜するに及ばない	105
不行	bùxíng	動	だめ、いけない	77
部	bù	量	〜本（書籍・映画フィルムなど）	60

C

才	cái	副	やっと〔実現するのに時間がかった〕	119, 165
菜	cài	名	料理	145
参加	cānjiā	動	参加する、加わる	188
餐厅	cāntīng	名	レストラン	156
厕所	cèsuǒ	名	トイレ、便所	146
茶	chá	名	お茶	36
查	chá	動	調べる	169
差	chà	動	不足する、足りない	46
长	cháng	形	長い	55
长城	Chángchéng	固	長城	55
长江	Chángjiāng	固	長江、揚子江	55, 148

203

尝	cháng	動	味わう	81
常常	chángcháng	副	よく、しばしば	62
唱	chàng	動	歌う	74
唱卡拉OK	chàng kǎlā OK		カラオケで歌う	51
超市	chāoshì	名	スーパーマーケット	62
吵闹	chǎonào	形	騒がしい、騒々しい	110
车	chē	名	車	40
车票	chēpiào	名	乗車券、切符	97
车站	chēzhàn	名	駅、バス停	48
城墙	chéngqiáng	名	城壁	173
吃	chī	動	食べる	35
吃得了	chīdeliǎo		食べきれる	102
吃饭	chī//fàn	動	食事をする	35
吃好	chīhǎo		満腹になる	97
吃起来	chīqilai		食べてみると	119
吃上	chīshang		(食事に)ありつく	118
吃完	chīwán		食べ終わる	96
池袋	Chídài	固	池袋	137
迟到	chídào	動	遅刻する	73
抽烟	chōu//yān	動	タバコを吸う	77
出	chū	動	出す、出る	160
出去	chūqu		(内から外へ) 出る、出て行く	184
出租车	chūzūchē	名	タクシー	158
初中	chūzhōng	名	中学校	74
穿	chuān	動	(衣服を)着る、はく	98, 114
传统习俗	chuántǒng xísú		伝統的な風俗習慣	181
窗户	chuānghu	名	窓	110
床	chuáng	名	ベッド	103
春节	Chūnjié	名	春節	93, 181
春天	chūntiān	名	春	88
茨城	Cíchéng	固	茨城	103
词典	cídiǎn	名	辞典	28, 29
次	cì	量	～回、～度	69
聪明	cōngmíng	形	利口である	88
从	cóng	介	～から	63

D

打	dǎ	動	殴る、打つ、攻撃する	122
打棒球	dǎ bàngqiú		野球をする	162
打电话	dǎ diànhuà		電話をする	71
打工	dǎ//gōng	動	アルバイトをする	62
打开	dǎkāi		つける、スイッチを入れる	110
		動	開ける、ほどく	172
打乒乓球	dǎ pīngpāngqiú		卓球をする	52, 162
打扰您了	dǎrǎo nín le		お邪魔します	161
打太极拳	dǎ tàijíquán		太極拳をする	162
打网球	dǎ wǎngqiú		テニスをする	162
打扫	dǎsǎo	動	掃除をする	169
打算	dǎsuan	助動	～するつもりだ、～する予定である	93
大	dà	形	大きい、年上である	56
大部分	dàbùfen	副	ほとんど	102
大概	dàgài	副	おおよそ、だいたい	45, 157
大后天	dàhòutiān	名	しあさって	105
大象	dàxiàng	名	ゾウ	50, 52
大学生	dàxuéshēng	名	大学生	57
呆	dāi	動	(あるところに)とどまる、滞在する	189
带	dài	動	持つ、携帯する	79
		動	(引き)連れる	173
带回去	dàihuiqu		持って帰って行く	80
担心	dān//xīn	動	心配する	99
担担面	dàndànmiàn	名	タンタン麺	145
蛋糕	dàngāo	名	ケーキ	73, 154
但是	dànshì	接	しかし、～が	118
当	dāng	動	～になる	74
当然	dāngrán	副	もちろん	161
倒	dào	動	逆さまにする、ひっくり返す	181
到	dào	動	着く、到着する	157, 181
		介	～まで、～へ	63
德国	Déguó	固	ドイツ	153
得	de	助	～するのが…だ	84
的	de	助	～の	26
的话	de huà	助	～ということなら	108
～的话，就…	～de huà, jiù…		～ならば…する	160
～的时候	de shíhou		～のとき	91
得	děi	助動	～しなければならない	105
灯	dēng	名	明かり、電灯	110
等	děng	動	待つ	70
迪士尼乐园	Díshìní Lèyuán	固	ディズニーランド	144
弟弟	dìdi	名	弟	41
地点	dìdiǎn	名	場所、地点	119, 189
地方	dìfang	名	場所	60, 144
地铁	dìtiě	名	地下鉄	72
地图	dìtú	名	地図	98
地址	dìzhǐ	名	住所、アドレス	161
第	dì	接頭	～番目	141
点	diǎn	動	指定する、注文する	61
		量	～時(時間の単位)	46, 141
点菜	diǎn//cài	動	料理を注文する	61
点心	diǎnxin	名	菓子	81
电车	diànchē	名	電車	157
电脑	diànnǎo	名	コンピューター	55
电视	diànshì	名	テレビ	36

电影	diànyǐng	名	映画	51, 60, 137
电影院	diànyǐngyuàn	名	映画館	154
电子词典	diànzǐ cídiǎn	名	電子辞書	74
鼎泰丰	Dǐngtàifēng	固	鼎泰豊（ディンタイフォン）	156
订好	dìnghǎo		予約をすます	96
定下来	dìngxialai		決まる	189
丢	diū	動	なくす、紛失する	111
东边（儿）	dōngbian(r)	方	東	49
东京	Dōngjīng	固	東京	48
东京站	Dōngjīng zhàn	固	東京駅	63
东西	dōngxi	名	もの	35
东阳大学	Dōngyáng dàxué	固	東陽大学	26
动物	dòngwù	名	動物	136
动物园	dòngwùyuán	名	動物園	50, 73
都	dōu	副	みな、すべて	23
读	dú	動	（声を出して）読む	70
独生子	dúshēngzǐ	名	一人っ子	41, 140
读书	dú//shū	動	勉強する	62
度	dù	量	℃	86
肚子	dùzi	名	おなか、腹	88
短信	duǎnxìn	名	ショートメール	71
对	duì	形	そうです、そのとおり、正しい	37, 129
		介	～に（対して）	99
对不起	duìbuqǐ		すみません	77
对～感兴趣	duì～gǎn xìngqù		～に興味がある	154, 176
对了	duì le		そうだ	173
对面（儿）	duìmiàn(r)	方	向かい	49
队	duì	名	チーム	153
顿	dùn	量	～食、～回（食事や叱責、殴打の回数）	94
多	duō	形	多い、たくさん	60, 88, 137
		疑	どのくらい？	55
多长时间	duō cháng shíjiān		どのくらい（の時間）？	64
多少	duōshao	疑	いくつ？ どのくらい？	45
多少钱	duōshao qián		いくらですか？	45

E

饿	è	形	お腹が空く、空腹だ	21
欸	éi	感	おや？〔いぶかる気持ちをあらわす〕	180

F

发	fā	動	送信する、出す	71
发邮件	fā yóujiàn		Eメールを送信する	71
发烧	fāshāo	動	熱が出る	100
发生	fāshēng	動	発生する	107
发音	fāyīn	名	発音	113
法国	Fǎguó	固	フランス	93
法律	fǎlǜ	名	法律	34, 132
法语	Fǎyǔ	名	フランス語	100
翻译	fānyì	動	訳す、翻訳する、通訳する	186
饭	fàn	名	ご飯	35
饭店	fàndiàn	名	ホテル、レストラン	70
饭馆	fànguǎn	名	飲食店	50
方便	fāngbiàn	形	便利である	88
		形	具合がよい、都合がよい	169
房间	fángjiān	名	部屋	79, 107, 169
放	fàng	動	置く、下ろす	80, 98
		動	休みになる	113
放春假	fàng chūnjià		春休みになる	181
放进去	fàngjinqu		入れる	80
放心	fàng//xīn	動	安心する	188
非常	fēicháng	副	非常に、きわめて	124, 129
飞机	fēijī	名	飛行機	61, 69
分钟	fēnzhōng	量	～分間	157
风	fēng	名	風	120
幅	fú	量	～枚、～幅（布地や絵画を数える）	107
服务台	fúwùtái	名	フロント	81
服务员	fúwùyuán	名	店員	31
付	fù	動	（お金を）払う	160
附近	fùjìn	名	付近、～の近く	144
富士山	Fùshìshān	固	富士山	148
复习	fùxí	動	復習をする	74
复习功课	fùxí gōngkè		授業の復習をする	155

G

该	gāi	助動	～すべきである	189
改	gǎi	動	正す、改める	119
改过来	gǎiguolai		改める	119
改天	gǎitiān	副	いずれ（また）、他日	100
感冒	gǎnmào	名	風邪、感冒	57
感兴趣	gǎn xìngqù		興味を持つ	153
刚	gāng	副	～したばかりである	100, 152
刚才	gāngcái	副	先ほど	107
高	gāo	形	（高さが）高い	55
高兴	gāoxìng	形	嬉しい、喜んでいる	20
高中生	gāozhōng shēng	形	高校生	58
告诉	gàosù	動	伝える、知らせる	64
哥哥	gēge	名	兄、お兄さん	40, 137
歌儿	gēr	名	歌	68, 145
个子	gèzi	名	背、身長	55
个	ge	量	～人、～個	41

给	gěi	動	与える、くれる	65	
		介	～に	78	
跟	gēn	動	（人に）ついて	91	
		介	～と	78	
跟～一样	gēn～yíyàng		～と同じ	87	
更	gèng	副	更に、一層	124	
公共汽车	gōnggòng qìchē	名	公共バス	158	
公斤	gōngjīn	量	キログラム	55	
功课	gōngkè	名	授業、宿題	74	
公里	gōnglǐ	量	キロメートル	55	
公司	gōngsī	名	会社	49, 72, 152	
公司职员	gōngsī zhíyuán	名	会社員	137	
公务员	gōngwùyuán	名	公務員	137	
工作	gōngzuò	名	仕事	97, 137	
		動	働く、仕事をする	62, 152	
狗	gǒu	名	犬	34, 129	
够	gòu	動	足りる、十分である	152	
刮	guā	動	（風が）吹く	120	
拐	guǎi	動	曲がる	157	
关上	guānshang		（ぴったりと）閉める、閉じる	110	
贵	guì	形	（値段が）高い	86, 114, 160	
贵姓	guìxìng	名	お名前、ご芳名	132	
国	guó	名	国	57	
国际关系	guójì guānxi	名	国際関係	136	
国家	guójiā	名	国、国家	106	
过	guò	動	過ぎる	79	
		動	過ごす、暮らす	120, 181	
过年	guò//nián	動	新年を祝う、年を越す	112, 181	
过去	guòqù	名	以前、むかし	165	
过	guo	助	～したことがある	68	

H

还	hái	副	まだ、依然として	57	
		副	（よりも）なお、もっと	124	
		副	ほかに、更に	136	
还可以	hái kěyǐ		まずまずよい	112	
还是	háishi	接	それとも	52	
孩子	háizi	名	子供	140	
海边儿	hǎibiānr	名	海	100	
韩国人	Hánguórén	名	韓国人	28	
寒假	hánjià	名	冬休み	64	
汉堡包	hànbǎobāo	名	ハンバーガー	152	
汉日词典	Hàn-Rì cídiǎn	名	中日辞典	29	
汉语	Hànyǔ	名	中国語	28, 29	
好	hǎo	形	よい	20	
		形	よし、わかった	173	
好啊	hǎo a		いいですね	149	

好吧	hǎo ba		わかりました、いいですよ	71	
好吃	hǎochī	形	美味しい	156	
好的	hǎo de		いいですよ、そうしよう[同意]	36	
好好儿	hǎohāor	副	よく、十分に	180	
好几	hǎojǐ	数	（量詞などの前に用い、多いことを示す）	69	
好几次	hǎojǐcì		何度も	69	
好听	hǎotīng	形	（聞いて）心地よい、（音や声が）美しい	87	
好玩儿	hǎowánr	形	面白い	144	
号	hào	名	日	54	
号码	hàomǎ	名	番号	65	
喝	hē	動	飲む	32	
和	hé	接	～と	41	
和田美子	Hétián Měizǐ	固	和田美子	132	
河	hé	名	川、河川	148	
黑板	hēibǎn	名	黒板	105	
很	hěn	副	とても	20	
横浜	Héngbīn	固	横浜	144	
红	hóng	形	赤い	57	
红茶	hóngchá	名	紅茶	52	
红绿灯	hónglǜdēng	名	信号	157	
红叶	hóngyè	名	紅葉	149	
后边（儿）	hòubian(r)	方	後ろ	49	
后天	hòutiān	名	あさって	105	
滑	huá	動	滑る	69	
滑冰	huá//bīng	動	スケートをする	162	
滑雪	huá//xuě	動	スキーをする	69	
虎	hǔ	名	トラ	148	
护照	hùzhào	名	パスポート	182	
画	huà	名	絵	105	
话	huà	名	話、言葉	96	
还	huán	動	返す	64	
还给	huángěi		返す	65	
换	huàn	動	替える	77	
换成	huànchéng		換える	110	
换钱	huàn//qián	動	両替する	77	
回	huí	動	帰る、戻る	57	
会	huì	助動	～できる	76	
		動	できる	118	
会～的	huì～de		～するだろう、～のはずだ	99	
回得来	huídelái		帰れる	102	
火车	huǒchē	名	列車、汽車	112	
或者	huòzhě	接	あるいは	188	

J

几	jǐ	疑	いくつ？	43	
记	jì	動	記す、書き留める	119	
记错	jìcuò		記憶違い（する）	108	

记下来	jìxialai		メモしておく	119	
记住	jìzhù		しっかり覚える	97	
家	jiā	名	家	28, 43	
		量	～軒（店などを数える）	156	
家人	jiārén	名	家族	93	
家庭主妇	jiātíng zhǔfù	名	専業主婦	137	
驾照	jiàzhào	名	運転免許証	100	
简单	jiǎndān	形	簡単である	177	
减肥	jiǎnféi	動	ダイエットする	106	
见面	jiàn//miàn	動	会う、対面する	78, 153	
将来	jiānglái	名	将来	74	
讲课	jiǎng//kè	動	授業をする	98	
教	jiāo	動	教える	65	
交	jiāo	動	（友達を）作る	74	
		動	提出する	105	
交流	jiāoliú	名	交流	185	
交上去	jiāoshangqu		（上部に）提出する	119	
交通	jiāotōng	名	交通	88	
饺子	jiǎozi	名	ギョーザ	50, 136	
叫	jiào	動	（名前は）～という	30, 34, 132	
教室	jiàoshì	名	教室	48	
接	jiē	動	迎える	93	
接通	jiētōng		（電話が）つながる	169	
节	jié	量	～コマ（授業時間）	61, 141	
姐姐	jiějie	名	姉、お姉さん	41, 137	
借	jiè	動	借りる	64	
借给	jiègěi	動	（人）に（モノ）を貸す	65	
介绍	jièshào	動	紹介する	69	
借走	jièzǒu		借りて行く	122	
今年	jīnnián	名	今年	56	
今天	jīntiān	名	今日	54, 137	
近	jìn	形	近い	63	
进	jìn	動	入る	79	
京都	Jīngdū	固	京都	70	
京剧	Jīngjù	名	京劇	68	
经济	jīngjì	名	経済	132	
就	jiù	副	～ならば…する	108, 173	
		副	まさに、他でもなく〔肯定を強める〕	104	
		副	すぐ、じきに〔短時間内にある状態が現れることを表す〕	149	
		副	～したらすぐ…	181	
就要～了	jiùyào~le		もうすぐ～だ	112	
觉得	juéde	動	～と思う、感じる	113, 156	

K

咖啡	kāfēi	名	コーヒ	42, 52	
咖啡厅	kāfēitīng	名	喫茶店	62	
开	kāi	動	咲く、開く	149	
开车	kāi//chē	動	車を運転する	71, 72	
开玩笑	kāi wánxiào		からかう	99	
开心	kāixīn	形	愉快である、楽しい	185	
看	kàn	動	見る、読む	33	
看病	kàn//bìng	動	診察を受ける	88	
看不懂	kànbudǒng		読んでわからない、見てわからない	102	
看出来	kànchulai		見てわかる	118	
看到	kàndào		見える、見かける	97	
看得懂	kàndedǒng		読んでわかる、見てわかる	102	
看得清楚	kàndeqīngchu		はっきり見える	102	
看懂	kàndǒng		（見て）わかる	96	
看见	kànjiàn		見かける、見える、会う	96	
看看	kànkan		ちょっとみる	156	
看起来	kànqilai		見たところ	119	
看清楚	kànqīngchu		はっきり見る	96	
考	kǎo	動	試験を受ける	118	
考上	kǎoshang		試験に合格する	118	
考试	kǎoshì	名	試験、テスト	64	
		動	試験を受ける、テストをする	112	
渴	kě	形	喉が渇く	121	
可爱	kě'ài	形	かわいい	22	
可乐	kělè	名	コーラ	44	
可能	kěnéng	副	～かもしれない、～らしい	176	
可惜	kěxī	形	残念である	176	
可以	kěyǐ	助動	～しても構わない、～してもよい	156	
刻	kè	名	15分	46	
		量	15分間	141	
课	kè	名	授業	35	
课本	kèběn	名	テキスト	26, 29	
课文	kèwén	名	本文	94	
客气	kèqi	動	遠慮する	98, 161	
客人	kèrén	名	客、お客さん	107	
空调	kōngtiáo	名	エアコン、空調	110	
空儿	kòngr	名	ひま（な時間）	66	
口	kǒu	量	～人（家族・村などの人数を数える）	43	
裤子	kùzi	名	ズボン	168	
快	kuài	形	速い	84	
块	kuài	量	元（中国の貨幣単位）	45	
		量	～個、～切れ（塊状、片状のもの）	60, 166	
快餐厅	kuàicāntīng	名	ファーストフード店	62	
快乐	kuàilè	形	愉快である、楽しい	172	
筷子	kuàizi	名	箸	42	

| 矿泉水 | kuàngquán shuǐ | 名 | ミネラルウォーター | 42 |

L

辣	là	形	辛い	113, 165
来	lái	動	来る	33
		動	ください、持ってくる、よこす	145
		動	～しましょう	69, 98
来到	láidào		到来する、到着する	181
劳驾	láojià		すみません	31
老〔姓〕	Lǎo		～さん（年長者に対して）	31
老大	lǎodà	名	長男、長女	140
老二	lǎo'èr	名	次男、次女	140
老李	Lǎo Lǐ		李さん	40
老师	lǎoshī	名	先生	27
了	le	助	～なった、～た	57
		助	～した	60
累	lèi	形	疲れる	20
冷	lěng	形	寒い	86
离	lí	介	～から、～まで	64
礼物	lǐwù	名	プレゼント	65
李红	Lǐ Hóng	固	李紅	30
里边（儿）	lǐbian(r)	方	中	49
里	li	方	中	49
联系	liánxì	動	連絡する	71
凉菜	liángcài	名	前菜、冷たい料理	152
凉快	liángkuai	形	涼しい	149
两	liǎng	数	ふたつ	41
两个星期	liǎng ge xīngqī		2週間	64
辆	liàng	量	～台（車を数える）	107
聊	liáo	動	雑談する、よもやま話をする	185
聊起来	liáoqilai		話し始める	185
聊天儿	liáo//tiānr	動	世間話をする、雑談する	71, 188
了解	liǎojiě	動	理解する、知る	118
淋湿	línshī		びっしょりぬれる	190
零	líng	数	ゼロ	46
留步	liúbù	動	どうぞそのままで、お見送りには及びません	189
留下来	liúxialai		残す、取っておく	119
留学	liú//xué	動	留学する	74, 117
留学生	liúxuéshēng	名	留学生	45
流利	liúlì	形	流暢だ	85
流行歌儿	liúxíng gēr	名	流行曲	145
龙	lóng	名	竜	148
旅行	lǚxíng	量	旅行する	70
旅游	lǚyóu	動	旅行する、観光する	117

M

妈妈	māma	名	お母さん	28
麻烦	máfan	形	面倒である	120
麻烦你	máfan nǐ		お手数をおかけします	177
麻婆豆腐	mápódòufu	名	マーボー豆腐	136
马上	mǎshàng	副	すぐ、直ちに	112
吗	ma	助	～か？	20
买	mǎi	動	買う	32
买东西	mǎi dōngxi		買い物をする	35
卖	mài	動	売る	64
卖给	màigěi		売る	65
慢	màn	形	ゆっくり、遅い	177
慢慢儿	mànmanr	形	ゆっくりと、急がずに	99, 114
慢走	mànzǒu	動	どうぞお気をつけて	189
忙	máng	形	忙しい	21
忙起来	mángqilai		忙しくなる	119
猫	māo	名	猫	37, 129
毛衣	máoyī	名	セーター	87
没问题	méi wèntí		大丈夫	80
没有	méiyǒu	動	持っていない	40
		副	～していない	57
美	měi	形	美しい	88
美国	Měiguó	固	アメリカ	60, 137
每年	měinián	名	毎年	66
每天	měitiān	名	毎日	72, 152
妹妹	mèimei	名	妹	41
门	mén		ドア	98
门口	ménkǒu	名	出入り口	105, 153
米	mǐ	量	メートル	55
米饭	mǐfàn	名	ご飯	136
面包	miànbāo	名	パン	60, 79
面条	miàntiáo	名	麺	50
明白	míngbai	動	わかる、理解する	188
明天	míngtiān	名	明日	54
名字	míngzi	名	名前	30, 132
末班车	mòbānchē	名	終電車、終バス	189
某某	mǒumǒu		なになに	188

N

拿到	nádào		取得する	100
拿好	náhǎo		ちゃんと持つ	97
拿回去	náhuiqu		持って帰っていく	81
拿走	názǒu		持って行く、持ち去る	122, 160
哪	nǎ	代	どれ？	26
哪个	nǎge	代	どれ？どの？	26, 42
哪个系	nǎge xì		何学部？	134
哪国人	nǎguórén		どこの国の人？	28
哪里哪里	nǎli nǎli		いやいやとんでもない、どういたしまして	124

哪儿(哪里)	nǎr (nǎli)	代	どこ？	48
哪些	nǎxiē	代	どれら？	26
那	nà	代	あれ、それ	30
		接	それでは、それなら	114, 141
那个	nàge	代	あれ、それ	26
那么	nàme	代	～ほど(に)、そんなに、あんなに	86, 152
那儿(那里)	nàr (nàil)	代	あそこ、そこ	49
那些	nàxiē	代	あれら、それら	26
奶奶	nǎinai	名	(父方の)祖母	148
难	nán	形	難しい	113, 165
南边(儿)	nánbian(r)	方	南	49
脑子	nǎozi	名	頭、頭脳	88
呢	ne	助	～は？	35, 132
呢	ne	助	～している	92
能	néng	助動	～できる	77
嗯	ńg	感	おや？ あれ？〔疑いや怪しみをあらわす〕	176
你	nǐ	代	あなた	20
你们	nǐmen	代	あなたたち	20
年纪	niánjì	名	(人の)年齢	56
年轻	niánqīng	形	年が若い	148
念	niàn	動	声を出して読む	94
您	nín	代	あなた(敬称)	20
女朋友	nǚ péngyou		ガールフレンド	57
女士	nǚshì	名	～さん(女性に対して)	31
暖和	nuǎnhuo	形	暖かい	149

O

噢	ō	感	ああ(そうか)	189

P

爬	pá	量	登る	68
拍	pāi	動	撮る、撮影する	116
旁边(儿)	pángbiānr	方	そば	49, 144
胖	pàng	形	太っている	58, 106
跑	pǎo	動	走る	79
跑步	pǎo//bù	動	ジョギングをする	73, 162
朋友	péngyou	名	友達	29
批评	pīpíng	動	叱る、意見する	122
啤酒	píjiǔ	名	ビール	50
便宜	piányi	形	安い	160
票	piào	名	チケット	42
漂亮	piàoliang	形	きれい、美しい	87
瓶	píng	量	～本	44
苹果	píngguǒ	名	リンゴ	44
平时	píngshí	名	ふだん、平素	189

Q

期末	qīmò	名	期末	99
埼玉	Qíyù	固	埼玉	103
骑	qí	動	乗る、またがる	71, 72
骑走	qízǒu		乗って行く	122
起	qǐ	動	起きる	84
起床	qǐ//chuáng	動	起きる	155, 165
气候	qìhòu	名	気候	149
千	qiān	数	千	45
千叶	Qiānyè	固	千葉	103, 144
铅笔	qiānbǐ	名	鉛筆	79
钱	qián	名	お金	40
钱包	qiánbāo	名	財布	111
前边(儿)	qiánbian(r)	方	前	49
墙	qiáng	名	壁	98
巧克力	qiǎokèlì	名	チョコレート	161
情况	qíngkuàng	名	状況、事情	118
晴天	qíngtiān	名	晴天	54
请	qǐng	動	どうぞ(～して下さい)、頼む、招待する、おごる	65, 116, 161
请多关照	qǐng duō guānzhào		よろしくお願いします	132
请假	qǐng//jià	動	休みをもらう、休暇を取る	106
请进	qǐng jìn		お入り下さい	161
请随便	qǐng suíbiàn	動	どうぞお楽に	161
秋叶原	Qiūyèyuán	固	秋葉原	92
球场	qiúchǎng	名	球技場、コート	153
取款	qǔ kuǎn		現金を引き出す	70
去	qù	動	(目的地へ)行く	32
去不了	qùbuliǎo		行けない	184
全聚德	Quánjùdé	固	全聚德(ゼンシュトク)	156

R

让	ràng	動	～に…させる	117
热	rè	形	暑い、熱い	87, 110, 165
热菜	rècài	名	温かい料理	152
人	rén	名	人間、人	43, 137
人口	rénkǒu	名	人口	88
人民币	rénmínbì	名	人民元	110
任	Rén	固	任(ニン)	133
认识	rènshi	動	知り合う、知っている	92, 132
日本菜	Rìběncài	名	日本料理	52
日本人	Rìběnrén	名	日本人	26
日语	Rìyǔ	名	日本語	76, 124
日元	rìyuán	名	円(日本の貨幣単位)	45
容易	róngyì	形	易しい、たやすい	87, 165
如果	rúguǒ	接	もしも、もし～ならば	108

S

三个月	sān ge yuè		3ヵ月	64
三国演义	Sānguóyǎnyì	固	三国志演義	178

沙发	shāfā	名	ソファー	103
山	shān	名	山	148
商店	shāngdiàn	名	店、商店	154
商量	shāngliang	動	相談する	162
上	shàng	動	(授業に)出る/行く、通う	35, 91
	shang	方	上	49
上(一)次	shàngcì		前回	180
上边(儿)	shàngbian(r)	方	上	49
上海菜	Shànghǎicài	名	上海料理	165
上课	shàng//kè	動	授業に出る/行く	35
上网	shàng//wǎng	動	インターネットをする	51
上午	shàngwǔ	名	午前	46
上学	shàng//xué	動	学校に通う、登校する	62
稍	shāo		少し、ちょっと	169
少	shǎo	動	不足する、なくなる	107
		形	少ない	88, 152
谁	shéi/shuí	疑	だれ?	20, 30
身体	shēntǐ	名	体	88
什么	shénme	疑	何、何の?	29
什么时候	shénma shíhou		いつ?	66
神奈川	Shénnàichuān	固	神奈川	103
生词	shēngcí	名	新出単語	97
生活	shēnghuó	名	生活	120
生气	shēng//qì	動	怒る、腹を立てる	99
生日	shēngrì	名	誕生日	148
生鱼片	shēngyúpiàn	名	さしみ	81
圣诞节	Shèngdànjié	固	クリスマス	93
时间	shíjiān	名	時間	55, 66
食堂	shítáng	名	食堂	62
十字路口	shízì lùkǒu	名	十字路	157
是	shì	動	~である、そうです	26
是的	shì de		そうです、そのとおり	37
是~的	shì~de		~した	90
适合	shìhé	動	ちょうど合う	113
事儿	shìr	名	事柄	42
收	shōu	動	収める、片付ける	119
收到	shōudào		受け取る	96
收起来	shōuqilai		片付ける	119
首	shǒu	量	~首、~曲(詩や歌を数える)	68
手表	shǒubiǎo	名	腕時計	60
手机	shǒujī	名	携帯電話	27, 30
手机号码	shǒujī hàomǎ		携帯番号	142
书	shū	名	本	30
书包	shūbāo	名	カバン	42
舒服	shūfu	形	気分がよい、体調がよい	21
属	shǔ	動	(干支は)~年です	56
鼠	shǔ	名	ネズミ	164
暑假	shǔjià	名	夏休み	78, 168
涮羊肉	shuàn yángròu	名	(羊の)しゃぶしゃぶ	50
双	shuāng	量	~足	42
水	shuǐ	名	水	42
水果	shuǐguǒ	名	果物	73
水平	shuǐpíng	名	レベル、水準	177
睡	shuì	動	寝る	84
睡觉	shuì//jiào	動	寝る、眠る	57
说	shuō	動	話す、言う	69, 76
		動	説教する、しかる	95
说出来	shuōchulai		言い出す	118
说错	shuōcuò		言い間違える	96
说话	shuō//huà	動	話をする	73, 169
说起来	shuōqilai		話しはじめる	119
四川菜	Sìchuāncài	名	四川料理	165
四川饭店	Sìchuān fàndiàn	固	四川飯店	156
送	sòng	動	贈る	64
送给	sònggěi		贈る	65
虽然	suīrán	接	~ではあるけれども	118
岁	suì	量	~歳	56
岁数	suìshu	名	(人の)年齢	56
所以	suǒyǐ	接	だから~	100

T

T恤衫	T xùshān	名	Tシャツ	168
他	tā	代	彼	20
他们	tāmen	代	彼たち	23
她	tā	代	彼女	22
她们	tāmen	代	彼女たち	20
它	tā	代	それ、あれ	20
它们	tāmen	代	それら、あれら	20
台	tái	量	~台(機械を数える)	55
太~了	tài~le		すごく、たいへん	129
			(あまりにも)~すぎる	88, 160
太极拳	tàijíquán	名	太極拳	97
谈	tán	動	話す	79
弹钢琴	tán gāngqín		ピアノを弾く	162
糖果	tángguǒ	名	飴、キャンディー	161
躺	tǎng	動	横になる	99
趟	tàng	量	~回(往復する動作の回数)	94
特别	tèbié	副	とりわけ、ことのほか	118, 176
疼	téng	形	痛い	88
踢	tī	動	蹴る	51

踢足球	tī zúqiú		サッカーをする	51
提高	tí//gāo	動	引き上げる、高める	177
体验	tǐyàn	動	体験する	181
体育	tǐyù	名	体育、スポーツ	141
体重	tǐzhòng	名	体重	55
天	tiān	量	〜日間	74
天气	tiānqì	名	天気	149
甜	tián	形	甘い	165
挑	tiāo	動	選ぶ	177
调	tiáo	動	調節する、調整する	110
跳舞	tiào//wǔ	動	ダンスをする	162
贴	tiē	動	貼る	181
听	tīng	動	聞く	33
听不懂	tīngbudǒng		聞いてわからない	102
听出来	tīngchulai		聞いてわかる	118
听错	tīngcuò		聞き間違える	97
听到	tīngdào		聞こえる	181
听得懂	tīngdedǒng		聞いてわかる	102
听懂	tīngdǒng		(聞いて)わかる	96
听见	tīngjiàn		聞こえる	96
听起来	tīngqilai		聞くところ	119
听清楚	tīngqīngchu		はっきり聞く	96
通知	tōngzhī	名	通知、知らせ	97
同学	tóngxué	名	〜さん（先生が学生に対して）	31
同音字	tóngyīnzì	名	同音異義語	181
偷走	tōuzǒu		盗む、盗んでいく	122
图书馆	túshūguǎn	名	図書館	48
兔子	tùzi	名	兎	129
推理小说	tuīlǐ xiǎoshuō	名	推理小説	176

W

外边(儿)	wàibian(r)	方	外	49
外国人	wàiguórén	名	外国人	178
外语	wàiyǔ	名	外国語	106
玩儿	wánr	動	遊ぶ	71, 84
碗	wǎn	量	〜碗、〜杯	60, 145
晚	wǎn	形	(時間が)遅い	84
晚饭	wǎnfàn	名	晩ご飯、夕飯	152
晚上	wǎnshang	名	夜	46
往	wǎng	介	〜へ、〜に向かって	157
忘	wàng	動	忘れる	79
危险	wēixiǎn	形	危険である	99
喂	wéi	感	もしもし	169
为什么	wèi shénme		なぜ？どうして？	100, 137
温度	wēndù	名	温度	110
温泉	wēnquán	名	温泉	88
问	wèn	動	尋ねる	64
问题	wèntí	名	問題	65
我	wǒ	代	私	20
我们	wǒmen	代	私たち	20
乌龙茶	wūlóngchá	名	ウーロン茶	43, 136
屋子	wūzi	名	部屋	110
无法	wúfǎ		〜する方法がない	169
午饭	wǔfàn	名	昼食	62
物价	wùjià	名	物価	120

X

西安	Xī'ān	固	西安	173
西边(儿)	xībian(r)	方	西	49
喜欢	xǐhuan	動	好き、好む	33, 129
洗手间	xǐshǒujiān	名	トイレ、お手洗い	49
洗澡	xǐ//zǎo	動	入浴する	155
系	xì	名	学部	134
下边(儿)	xiàbian(r)	方	下	49
下个星期	xià ge xīngqī		来週	149
下个星期四	xià ge xīngqīsì		来週の木曜日	66
下课	xià//kè	動	授業が終わる	61, 78, 153
下雪	xià xuě		雪が降る	92
下雨	xià yǔ		雨が降る	92
下午	xiàwǔ	名	午後	46, 141
夏天	xiàtiān	名	夏	165
先生	xiānsheng	名	〜さん（男性に対して）	31
咸	xián	形	塩辛い	166
羡慕	xiànmù	動	うらやむ、うらやましがる	181
现在	xiànzài	名	いま	46, 141
相当	xiāngdāng	副	相当、かなり	176
香港	Xiānggǎng	固	ホンコン	73, 165
想	xiǎng	動	考える、思う	99
		助動	〜したい	73
想出来	xiǎngchulai		考えつく	118
想到	xiǎngdào		頭に浮かぶ、思いつく	181
想起来	xiǎngqilai		思い出す	119
向	xiàng	介	〜へ、〜に向かって	157
像〜一样	xiàng〜yíyàng		〜のように	161
橡皮	xiàngpí	名	消しゴム	42
消化	xiāohuà	動	消化する	99
消息	xiāoxi	名	ニュース、情報	113
小	xiǎo	形	小さい	140
		形	ちょっとした、手軽な	78
		形	年下である、若い	86
		名	子供	100
小〔姓〕	Xiǎo		〜さん（同年代程度に対して）	31
小孩儿	xiǎoháir	名	子供	79
小林	Xiǎolín	固	小林	30

小笼包	xiǎolóngbāo	名	小籠包（ショーロンポー）	156	
小时	xiǎoshí	名	～時間	94	
小说	xiǎoshuō	名	小説	51	
小偷儿	xiǎotōur	名	どろぼう、こそどろ	122	
小学	xiǎoxué	名	小学校	137	
小张	Xiǎo Zhāng		張さん	40	
鞋	xié	名	靴	42	
写	xiě	動	書く	119	
写出来	xiěchulai		書き上がる	119	
写错	xiěcuò		書き間違える	96	
写完	xiěwán		書き終わる	105	
写下来	xiěxialai		文章に書いておく	119	
写信	xiě xìn		手紙を書く	71	
谢谢	xièxie		ありがとう	36	
新年	xīnnián	名	新年	63	
新宿	Xīnsù	固	新宿	70	
心心相印	xīnxīn-xiāngyìn		以心伝心、心が通じ合う	172	
信用卡	xìnyòngkǎ	名	クレジットカード	77	
星期	xīngqī	名	曜日	54	
		名	週、週間	64	
星期二	xīngqī'èr	名	火曜日	54	
星期天	xīngqītiān	名	日曜日	54	
星期一	xīngqīyī	名	月曜日	54	
行李	xíngli	名	荷物	55	
醒	xǐng	動	目が覚める	119	
醒过来	xǐngguolai		意識を取り戻してくる	119	
姓	xìng	動	(姓は)～である	34, 132	
性格	xìnggé	名	性格	88	
兄弟姐妹	xiōngdì jiěmèi	名	兄弟(姉妹)	41	
熊猫	xióngmāo	名	パンダ	52, 129	
休息	xiūxi	動	休む	69	
徐	Xú	固	徐(ジョ)	37	
学	xué	動	学ぶ、習う	34	
学好	xuéhǎo		習得する、マスターする	96, 173	
学会	xuéhuì		マスターする	97	
学生	xuésheng	名	学生	26	
学完	xuéwán		学び終える	97	
学习	xuéxí	動	学習する、勉強する	32	
学校	xuéxiào		学校	33, 63	
需要	xūyào	動	必要としている	55	

Y

颜色	yánsè	名	色	168	
眼睛	yǎnjing	名	目	99	
样子	yàngzi	名	形、格好	168	
要	yào	動	欲しい、欲しがる、要る	42	
		動	要する、かかる	63	
		助動	～したい、～するつもりだ	74	
要回来	yàohuilai		返してもらう、取り返す	180	
钥匙	yàoshi	名	鍵	96	
也	yě	副	～も	22	
也就是说	yě jiùshì shuō		言い換えれば～である	181	
叶子	yèzi	名	葉っぱ	57	
一般	yìbān	形	普通(である)	71	
一边儿～一边儿…	yìbiānr～yìbiānr…		～しながら…する	125	
(一)点儿	(yì)diǎnr	数量	ちょっと、少し	76, 149	
一定	yídìng	副	必ず、絶対に、～に違いない	117, 137	
一个月	yí ge yuè		1ヶ月	63	
一共	yígòng	副	全部で、あわせて	141	
一会儿	yíhuìr	数量	ちょっとの間	69	
一刻	yí kè	数量	15分	46	
一年级	yī niánjí		1年生	134	
一起	yìqǐ	副	一緒に	78, 137	
一下(儿)	yíxià(r)	数量	ちょっと(～する)	69, 81	
一言为定	yìyán-wéidìng		必ずそうする(一度約束した以上反故にはしない)	173	
一直	yìzhí	副	真っ直ぐ	157	
		副	ずっと、一貫して	172	
医院	yīyuàn	名	病院	88	
衣服	yīfu	名	服	42	
遗憾	yíhàn	形	残念である、遺憾である	184	
以后	yǐhòu	方	～の後	153	
椅子	yǐzi	名	イス	98	
意见	yìjiàn	名	意見	87	
因为	yīnwèi	接	～なので	100	
音乐	yīnyuè	名	音楽	34	
银行	yínháng	名	銀行	50, 144	
应该	yīnggāi	助動	～すべきだ	106, 156	
英国人	Yīngguórén	名	イギリス人	133	
英语	Yīngyǔ	名	英語	65	
樱花	yīnghuā	名	桜	88, 149	
用	yòng	動	使う、用いる	77	
		介	～で	71	
游	yóu	動	泳ぐ	76	
邮件	yóujiàn	名	郵便物、Eメール	97, 161	
邮局	yóujú	名	郵便局	48	
游戏	yóuxì	名	遊戯、ゲーム	92	
游泳	yóu//yǒng	動	泳ぐ	76	
有	yǒu	動	持っている	40	
		動	いる、ある	50	
有点儿	yǒudiǎnr	副	ちょっと、少し	114	

有趣	yǒuqù	形	面白い	181	
有人气	yǒu rénqì		人気がある	121, 176	
有事儿	yǒu shìr		用事がある	66	
有意思	yǒu yìsi		面白い	113, 156	
又	yòu	副	また	106	
右边（儿）	yòubian(r)	方	右	49	
雨伞	yǔsǎn	名	傘	65	
预订	yùdìng	動	予約する	71	
元旦	Yuándàn	名	元旦	93	
原来	yuánlái	副	なんだ（…であったのか）	180	
远	yuǎn	形	遠い	63	
愿意	yuànyì	動	望む、希望する	109	
		助動	喜んで～する、～したい	116, 161	
约	yuē	動	約束する	188	
月	yuè	名	月	54	
月票	yuèpiào	名	定期券	111	
越～越…	yuè～yuè…		～であればあるほどますます…だ	120	

Z

杂志	zázhì	名	雑誌	42	
再	zài	副	再び、もう一度	69, 114	
在	zài	動	いる、ある	48	
		介	～で、～に	62	
		副	～している	92	
～在	zài		（場所)に～している	103	
咱们	zánmen	代	私達［話し相手を含む]	20	
早	zǎo	形	早い	84	
早上	zǎoshang	名	朝	46	
怎么	zěnme	疑	どう？どのように？	72	
怎么办	zěnme bàn	疑	どうしよう？	72	
怎么样	zěnmeyàng	疑	どうですか？	22	
札幌	Zháhuǎng	固	札幌	165	
炸酱面	zhájiàngmiàn	名	ジャージャー麺	145	
炸薯条	zháshǔtiáo	名	フライドポテト	152	
詹姆斯	Zhānmǔsī	固	ジェームス	133	
站	zhàn	動	立つ	80, 104	
张	zhāng	量	～枚（広い表面をもっているものを数える)	42	
长	zhǎng	動	成長する、育つ	103	
着急	zháo//jí	動	急ぐ、焦る	99	
找	zhǎo	動	訪ねる	108	
找不到	zhǎobudào		見つからない	111	
找到	zhǎodào		見つかる、探し当てる	96	
照	zhào	動	（写真を）撮る、写す	77	
照片	zhàopiàn	名	写真	104, 116	
照相	zhào//xiàng	動	写真を撮る	77	
照相机	zhàoxiàngjī	名	カメラ	122	
这	zhè	代	これ、それ	29	
这（一）次	zhècì		このたび、今度	180	
这个	zhège	代	これ、それ	26, 42	
这个星期六	zhège xīngqīliù		今週の土曜日	66	
这么	zhèma	代	こんなに	86	
这儿（这里）	zhèr (zhèli)	代	ここ、そこ	50	
这些	zhèxiē	代	これら それら	26	
这样	zhèyàng	代	こんな、このような	180	
着	zhe	助	～している	98	
真	zhēn	副	実に、本当に	129	
挣	zhèng	動	（働いて）稼ぐ	106	
只	zhī	量	～匹、～羽（鳥や小さい動物を数える)	55, 145	
支	zhī	量	～本（棒状のものを数える)	65	
知道	zhīdao	動	わかる、知っている	108, 172	
只	zhǐ	副	ただ、～しかない	45	
只要～就…	zhǐyào～jiù…		～さえすれば…	173	
纸	zhǐ	名	紙	42	
中餐厅	zhōngcāntīng	名	中華料理店	62	
中国菜	Zhōngguócài	名	中華料理	52	
中国人	Zhōngguórén	名	中国人	27	
中华街	Zhōnghuájiē	固	中華街	144	
中文	Zhōngwén	名	中国語	61, 81	
中文版	Zhōngwénbǎn		中国語版	176	
中午	zhōngwǔ	名	正午	46	
终于	zhōngyú	副	ついに、とうとう	172	
种	zhǒng	量	種、種類	181	
重	zhòng	形	重い	55	
周	zhōu	名	週、週間	189	
周末	zhōumò	名	週末	137	
主意	zhǔyi	名	考え	113, 185	
祝	zhù	動	祈る、心から願う	172	
祝你生日快乐	zhù nǐ shēngrì kuàilè		誕生日おめでとう	172	
住	zhù	動	泊まる、住む	69, 74	
注意	zhù//yì	動	注意する	99	
专业	zhuānyè	名	専門	29, 132	
转告	zhuǎngào		伝言する	169	
准备	zhǔnbèi	動	準備する	112	
桌子	zhuōzi	名	机	49	
字	zì	名	字、文字	96	
自己	zìjǐ	名	自分	161	
自来水	zìláishuǐ	名	水道水	174	
自然而然	zìrán'érrán		自然に、おのずと	185	
自行车	zìxíngchē	名	自転車	40	

走	zǒu	動	行く、立ち去る、歩く	36
走路	zǒu//lù	動	(人が)歩く、道を歩く	71, 125, 157
足球	zúqiú	名	サッカー	51
最	zuì	副	最も、一番	138, 140
最近	zuìjìn	名	最近、この頃	106
昨天	zuótiān	名	昨日	54
左边(儿)	zuǒbian(r)	方	左	49
左右	zuǒyòu	名	〜くらい、〜前後	45
坐	zuò	動	座る	36

作家	zuòjiā	名	作家	176
作品	zuòpǐn	名	作品	176
作业	zuòyè	名	宿題	105
做	zuò	動	する	34
做菜	zuò//cài	動	料理をする	51
做得完	zuòdewán		やり終えられる	102
做饭	zuò//fàn	動	ご飯を作る	78
做工作	zuò gōngzuò		仕事をする	137
做完	zuòwán		し終わる	96
做作业	zuò zuòyè		宿題をする	78

著者紹介

中田妙葉　東洋大学法学部教授

吹き込み

田芳、李婷

しっかり学べる！中国語

2017年4月1日　初版第1刷発行
2023年3月1日　初版第2刷発行

著　　者●中田妙葉
発行者●山田真史
発行所●株式会社東方書店
　　　　　東京都千代田区神田神保町1-3　〒101-0051
　　　　　電話(03)3294-1001　営業電話(03)3937-0300
装幀・レイアウト●大田真一郎（Footwork Design）
本文イラスト●みやよしえ
組版・印刷●倉敷印刷株式会社

定価は表紙に表示してあります

Ⓒ2017 中田妙葉　Printed in Japan
ISBN978-4-497-21705-9 C3087

乱丁・落丁本はお取り替え致します。恐れ入りますが直接本社へご郵送ください。
Ⓡ本書を無断で複写複製（コピー）することは、著作権法上での例外を除き、禁じられています。本書をコピーされる場合は、事前に日本複写権センター（JRRC）の許諾を受けてください。
JRRC〈http://www.jrrc.or.jp　Eメール：info@jrrc.or.jp　電話：03-3401-2382〉
小社ホームページ〈中国・本の情報館〉で小社出版物のご案内をしております。
https://www.toho-shoten.co.jp/